LES
MONOGRAMMES
HISTORIQUES

D'APRÈS LES
MONUMENTS ORIGINAUX

PAR
AGLAÜS BOUVENNE
Membre de la Société française d'archéologie

PARIS
ACADÉMIE DES BIBLIOPHILES
M DCCC LXX

LES

MONOGRAMMES

HISTORIQUES

DU MÊME AUTEUR

Piscine de l'église d'Ahun (Creuse), 1860.

Essai sur l'église Saint-Hippolyte, a Paris, 1863.

Essai historique sur les Lanternes des morts, 1864.

Nouvelles recherches sur l'église Saint-Hippolyte, a Paris, 1866.

La Légende de sainte Wilgeforte, 1866.

PARIS. — J. CLAYE, IMPRIMEUR, 7, RUE SAINT-BENOIT. — [1845]

ACADÉMIE DES BIBLIOPHILES

Déclaration

« Chaque ouvrage appartient à fon auteur-éditeur. La Compagnie entend dégager fa refponfabilité collective des publications de fes membres. »

(Extrait de l'art. IV des STATUTS*).*

JUSTIFICATION DU TIRAGE

500 exemplaires vergé.
10 — chine.
2 — chamois.

N°

LES
MONOGRAMMES
HISTORIQUES

D'APRÈS

LES MONUMENTS ORIGINAUX

PAR

AGLAÜS BOUVENNE
Membre de la Société française d'Archéologie

PARIS
ACADÉMIE DES BIBLIOPHILES

M DCCC LXX

i les armoiries remontent à la plus haute antiquité, les monogrammes ou lettres entrelacées sont, selon toute vraisemblance, aussi anciens que l'écriture.

Dès que l'humanité fut en possession d'un nombre déterminé de caractères ayant chacun leur valeur convenue, il est évident que la fantaisie, l'amour de l'individualité, l'attrait du mystérieux durent enfanter ces ingénieuses combinaisons où toutes les lettres d'un mot, confuses pour le chercheur, apparaissent distinctes aux yeux de l'initié.

L'empire grec a marqué d'un monogramme la presque totalité de ses sculptures et de ses médailles; quelques-uns de ceux qui se trouvent sur ces dernières expriment des noms de villes et semblent indiquer le lieu où elles ont été frappées.

On trouve des monogrammes sur la plupart des tombeaux des premiers chrétiens ; point de pièce consulaire qui ne soit chargée du sien [1].

---

[1]. Les monogrammes qui nous sont parvenus de ces époques lointaines sont souvent inintelligibles pour le vulgaire ; telle est le diptyque d'Aréobindus le jeune, consul du Bas-Empire, qui est de l'an 506, au centre duquel se trouve son monogramme composé des lettres B D H N S.

Les souverains pontifes se servirent plus tard de ce genre d'ornementation pour exprimer leur nom; de nombreux exemples de cet usage, sont fournis par les mosaïques, et les bagues sigillaires ou anneaux pastoraux portent presque toutes sur le chaton le monogramme de leur possesseur; quelquefois aussi les trois lettres du Christ, qui ne sont autre chose qu'un monogramme.

On connaît le monogramme d'Olibrius Claudius Hermogénianus Olibrius, sur une plaque destinée à être pendue au cou des esclaves et dont Farbetti donne une reproduction dans son ouvrage [1].

---

[1]. Fabretti (Raphael). *Inscriptionum antiquarum explicatio.*
Romæ, 1699. In-folio, p. 523.

M. le duc de Blacas possédait une cassette d'argent sur laquelle on voyait les monogrammes de Pélégrina et de Turcius.

Les vieilles mosaïques de Rome, de Ravenne, portaient ordinairement le monogramme de celui qui les avait fait faire ou du fondateur de l'église où elles se trouvaient.

Au IIIe siècle, en Gaule, on trouve sur un marbre de la chapelle Saint-Éloi le monogramme de Childéric.

Dans le palais de Théodoric, à Ravenne, construction du VIe siècle, existent des chapiteaux dont le linteau est orné au centre d'un monogramme, fort difficile à déchiffrer, je dois le reconnaître, la forme des lettres ayant été altérée et sacrifiée au besoin de l'ornementation.

Plus tard, s'il faut en croire le *Liber mirabilis*, chronique locale évoquée par M. le comte F. de Lasteyrie dans un fort intéressant travail[1], Charlemagne, ayant fondé un certain nombre d'abbayes, aurait donné à chacune d'elles un riche reliquaire ayant la forme d'une des lettres de l'alphabet; la lettre A serait échue, on ne sait pourquoi, à l'abbaye de Conques, qui conserve encore dans son trésor le seul de ces reliquaires existant aujourd'hui et bien connu des archéologues sous le nom d'A de

---

[1]. Observations critiques sur le trésor de Conques. Tirage à part du XXVIIIe volume des *Mémoires de la Société impériale des antiquaires de France.*

Charlemagne. Toujours d'après la tradition, l'abbaye de Brioude aurait possédé un reliquaire semblable ayant la forme d'un C.

Ceci, je le répète, est incontestablement du domaine de l'hypothèse, mais prouve une fois de plus et l'existence du monogramme et la diversité de son application.

Je pourrais multiplier ces preuves à l'infini, mais je m'arrête, ayant tenu seulement à constater l'existence du monogramme dans les monuments primitifs.

Dans l'essai que j'offre au public je ne m'occuperai nullement de ce que l'antiquité a pu nous laisser en ce genre, monuments, médailles ou monnaies, mon but étant de faire revivre l'intérêt historique attaché à une foule d'objets d'origine plus moderne, et dont la provenance n'a pu être déterminée jusqu'ici faute d'un dictionnaire des monogrammes historiques [1].

Je n'ai pas la prétention de combler cette lacune, mais seulement, en en signalant l'existence, d'apporter la première pierre au monument qui pourrait la faire disparaître.

Parmi les objets susceptibles d'offrir un puissant attrait à la sagacité du chercheur, il faut néces-

---

[1]. Qui ne se souvient de ce joli coffret garni d'émaux du XVIe siècle, qu'on a tant admiré à l'Exposition universelle ?

L'émail du devant était orné d'un monogramme dont le propriétaire est resté inconnu.

Combien eût été augmenté l'intérêt attaché à cette œuvre d'art, si l'on ne s'était trouvé dans l'impossibilité d'en nommer le premier propriétaire !

sairement placer au premier rang ces admirables reliures que nous ont léguées les siècles passés.

Beaucoup de ces charmants volumes, ornés, au milieu des plats, des armoiries de leur propriétaire, portent en outre son monogramme, à leurs angles et sur le dos, entre les nerfs.

Le monogramme est de toutes les époques, je crois l'avoir prouvé, et le goût du beau, réveillé par les nombreuses trouvailles faites dans les archives du passé, a ravivé en nous l'amour de ce gracieux ornement.

Chacun aujourd'hui se plaît à avoir son monogramme. Pour ne citer que les noms que le respect ou la sympathie amène sous ma plume, je constaterai ici que

MM. Le Bastard, baron J. Pichon, Feuillet de Conches, Philippe Burty, Claudius Popelin et bien d'autres ornent du leur tous les volumes de leur bibliothèque.

Je ne parlerai pas des monogrammes qu'on rencontre sur les *ex libris,* le nombre en est infini, et ceci me forcerait à sortir du cadre que me suis imposé.

On rencontre fréquemment le monogramme sur les meubles et sur les objets destinés aux usages les plus personnels.

C'est à profusion qu'on le trouve sur les monuments; peu de châteaux où ne soit celui du fondateur sur les plus anciennes constructions; peu d'additions ou de restaurations importantes qui ne soient ornées et en quelque sorte signées du monogramme de celui à qui elles sont dues.

Les pierres tombales offrent de nombreux exemples du goût de nos pères pour cette ornementation ; au XIIIe siècle, le sol de la chapelle basse, à la Sainte-Chapelle de Paris, était entièrement couvert des pierres tombales des personnages qu'on y avait inhumés ; plusieurs de ces pierres portaient soit aux angles, soit en semis faisant fond aux figures, le monogramme du défunt.

Les missels faits pour les rois, les reines, les princes de l'Église ou quelques seigneurs à qui une grande fortune permettait ce luxe exceptionnel, étaient souvent ornés du monogramme du personnage qui les faisait exécuter ou de celui à qui il les destinait.

On le mêlait parfois aux ravissants dessins de la première page, parfois il rayonnait au milieu des ornements de la première grande miniature, où étaient fréquemment représentés et le donataire et la personne à laquelle le manuscrit devait être offert.

J'ai rencontré de nombreux exemples de cet emploi du monogramme ; le magnifique livre d'heures de la reine Anne de Bretagne, fait à Tours, porte peint en or sur sa première page l'A de la reine et l'L du roi Louis XII, diamétralement répétés aux angles et la jolie lettre A se retrouve à la fin du livre, formée par les enroulements d'une cordelière.

La Bibliothèque Impériale possède un superbe manuscrit in-folio ayant fait parie de la célèbre bibliothèque de Jean, duc de Berry.

Sur la miniature placée dans l'angle de la page, le duc Jean est représenté en cardinal, arrivant au seuil du paradis et reçu par saint Pierre.

Dans l'entourage de cette miniature on trouve deux dessins fréquemment répétés, l'un représentant, dans diverses attitudes, un ours portant une bannière aux armes de France, l'autre, un cygne blessé à la poitrine.

A tort ou à raison, on donne au duc Jean une maîtresse du nom de Lursine, ce qui expliquerait la présence de l'ours (*ursus*) et du cygne (*cycnus*); quant au monogramme composé des lettres E. V.

entrelacées plusieurs fois, répété avec cette devise : *le Temps venia,* il n'est pas possible d'en donner la signification exacte.

Sur le manuscrit offert par Talbot à sa femme Marguerite de Beauchamps lors de leur mariage, appartenant aujourd'hui à M. Ramé de Rennes, la miniature de dédicace représente Jean Talbot à genoux, protégé par son patron, saint Georges ; en face de lui, Marguerite de Beauchamps, fille du comte de Warwick, aussi à genoux, sainte Marguerite, sa patronne, à ses côtés ; entre eux deux, la Vierge Marie assise sur son trône, tenant dans ses bras l'enfant Jésus.

Au-dessous de ce sujet, les deux bannières aux armes de Talbot et de Warwick ; entre elles deux, une tige de marguerite enroulée par une banderole sur laquelle est la devise incomplète : *Mon seul désir..... y est* ; au bas de la page, le monogramme de Jean Talbot et de Marguerite de Beauchamps.

J'ai dit qu'on trouvait le monogramme sur les meubles, on le rencontre aussi sur les tentures, comme chez Nicolas Vauquelin des Yveteaux[1], dont parle Tallement des Réaux.

« Lorsqu'il le vit pour la première fois, il avait des chausses à bandes comme celles des Cent Suisses, au XVIIe siècle, attachées avec des brides, des manches de satin de la Chine, un pourpoint et un cha-

[1] *Nicolas des Yveteaux*, par M. le baron J. Pichon. *Bulletin du bibliophile*, 1846.

peau de senteur et une chaîne de paille à son cou.

« Tous les appartements étaient tendus de cuirs dorés, et, en plusieurs endroits, on voyait son chiffre avec des lacs d'amour faits en paille ; au milieu de ses goûts somptueux, il avait conservé beaucoup de goût pour la paille, peut-être à cause de son amour pour la vie champêtre. »

Le roi René, que le goût des arts captivait, s'occupait de peinture ; le musée de Cluny possède, sous le n° 722, un panneau de lui dont le sujet est Marie-Madeleine à Marseille, où il s'est représenté avec la reine Jeanne de Laval.

Il peignait aussi en miniature, et il nous a laissé plusieurs manuscrits sur lesquels il s'est plu à dessiner ses deux lettres E R, arrangées de différentes façons.

Sur l'un de ces manuscrits on voit un arbre à l'une des branches duquel est appendu son écusson, et dont l'ensemble, qui forme un grand R, représente son nom tout entier, s'il faut croire l'ingénieuse explication de son sens allégorique, donnée par le P. Ménestrier.

« Ce viel tronc, qui pousse un jeune rejetton, représente le roy René, et le rejetton, Jean de Calabre, son fils, né en la vieillesse de son père. Le chapellet fait allusion à la maîtresse de ce prince, qui se nommoit *Capelle*, comme on dit en Provence *capellet* pour chapellet. L'orange, avec ce mot : *vert meur*, étoit la devise du roy René, par laquelle il vouloit dire que, comme l'orange demeure à moitié verte lorsqu'elle est meure, il estoit aussi vert en sa vieillesse. »

Le monogramme de Henri II et de Diane de Poitiers, formé de deux D et d'un H, a souvent été contesté, et beaucoup de savants ont voulu y voir le monogramme de Catherine de Médicis et d'Henri II. Ce dernier existe pourtant aussi, et est formé de deux C et d'un H.

Les amours du roi et de Diane de Poitiers n'étaient-ils pas, d'ailleurs, chose assez notoire pour permettre de supposer que quelques flatteries courtisanesques aient, à dessein, réuni les chiffres des deux amants ?

Manquant d'un travail spécial sur ces matières, et la clef de beau coup de ces jeux d'esprit ne nous ayant pas été donnée, on ne saurait s'étonner que le sens exact de beaucoup de monogrammes ait échappé aux recherches des érudits.

Pourquoi, par exemple, le connétable Olivier de Clisson avait-il pris pour chiffre l'M, qui se trouve plusieurs fois répété sur son hôtel et peint sur les carreaux émaillés du pavement?

Plusieurs auteurs ont diversement interprété le sens de cette lettre mystérieuse.

L'opinion la plus générale en fait l'initiale du mot Miséricorde, parce que son hôtel, qui s'appelait dans l'origine le *Grand Chantier du Temple,* prit le nom d'*Hôtel de la Miséricorde,* quand les Parisiens lui en eurent fait don, en 1383, pour le remercier des grâces obtenues de Charles VI par son intercession.

Pourtant cet M se trouve déjà sur son sceau apposé, sur une charte de 1370.

Même incertitude à propos de l'S traversé d'une flèche qui se trouve sur les boiseries du palais de Fontainebleau; il ne peut, selon moi, s'expliquer que par un à-peu-près, et serait le chiffre de Gabrielle d'Estrées.

Le savant M. de Longpérier fait judicieusement observer que l'S ne se prononçait pas au XVIe siècle, et cite à l'appui de son opinion les mots: espée, estoile, estrangers, et conséquemment repousse, à propos de ce chiffre, l'explication que je viens de donner.

Je regrette de différer d'opinion avec M. de Longpérier, mais je ferai remarquer que l'S dessiné par M. Phnor dans le palais de Fontainebleau n'est pas un S barré comme ceux que j'ai relevés sur des médailles de Jeanne d'Albret (voir page 167), mais bien un S traversé d'une flèche appelée *trait*.

Ce jeu de mots me paraît fort admissible, malgré sa prononciation vicieuse, pour l'époque, et je dirai plus, il semblait avoir reçu alors la consécration d'un usage ancien, car, sur des incunables de 1400, on trouve déjà de ces jeux d'esprit qui seraient intraduisibles si on voulait en syllabifier les mots comme on les prononçait alors.

Quant à l'S barré, c'est-à-dire traversé d'un simple trait, c'est encore un jeu de mots qui signifie souvent *Fermesse, Fermete.* Une longue lettre de Henri IV, dont il a été publié un *fac simile,* en fournit une preuve irrécusable.

Plusieurs personnages, Montmaur de Conrard entre autres, ont joint ce signe à leur monogramme.

Le *Bulletin du bibliophile* a donné la reproduction d'un livre orné d'un monogramme qui serait un vrai casse-tête si le propriétaire n'avait eu l'heureuse idée d'en donner la clef.

Les plats sont ornés de ravissants dessins aux petits fers; au centre, dans un médaillon formé par des branches, est un monogramme répété aux angles et sur le dos.

Au-dessus et au-dessous du médaillon, on voit une ligne de lettres sans suite apparente, mais dont on relève l'ordre naturel au moyen d'un petit numéro dont chacune d'elles est accompagnée.

Leur assemblage donne alors le nom du propriétaire du livre et celui de sa femme.

Cette espèce de jeu de patience rappelle certains auteurs dont la modestie ou le désir de garder l'anonyme étaient si grands, qu'ils signaient leurs livres de toutes les lettres de leurs noms, mais dans un désordre tel, qu'il a fallu à de courageux bibliophiles de longues et patientes recherches pour déchiffrer ces énigmatiques signatures.

Tel est le nom de l'auteur du *Roy Modus* et de la *Reine Racio*, retrouvé par M. Alph. Chassant[1], un infatigable chercheur qui, précédemment, avait déjà retrouvé le nom de l'auteur du délicieux roman du *Châtelain de Coucy* et de la *Dame Fayel*.

Il existe fort peu de livres sur les monogrammes; les ouvrages qui traitent de cette matière semblent, en général, être destinés par leurs auteurs à servir de guide aux personnes qui veulent se composer un monogramme. Je citerai seulement parmi les plus curieux :

D'abord le livre de Charles Moucelot, intitulé : *Nouveau livre de Chiffres*, contenant en général tous les noms et surnoms enlacés par alphabet.

---

[1] *Bulletin du bouquiniste*, t. XXV, p. 292-323, année 1869.

R. V. Clescher, Cyfer *Alphabet*, composé de vingt-sept planches de chiffres entrelacés, contenant vingt-quatre chiffres par planche. Grand in-4°.

Recueil de chiffres à deux et trois lettres, sans nom d'auteur, à Paris, chez Journaux. Sans adresse. In-8°.

La Bibliothèque possède un album de dessins qui porte pour titre : *Recherche de plusieurs singularités,* par Françoys Merlin, controlleur général de la Maison de feu Madame Marie-Élisabeth, fille unique de feu roy Charles dernier, que Dieu absolve, portraictes et escrites, par X. Jacques Cellier, demourant à Reims. Commencé le 3ᵉ jour de mars 1583, et achevé le 10ᵉ jour de septembre mil Vᶜ quatre-vingt et sept.

Françoys Merlin dit dans sa dédicace à Henri III « qu'il s'est essayé à rechercher et à faire faire ce petit œuvre pour délecter l'esprit du roy. »

Ce curieux manuscrit est composé d'environ deux cents dessins à la plume.

Le *Pater noster* y est écrit en vingt-neuf langues au milieu de cartouches variés. On y rencontre encore plusieurs vues de monuments, la Sainte-Chapelle, Notre-Dame de Paris, la maison des Célestins, etc., etc.

L'un des plus curieux de ces dessins et celui qui se rapporte le plus à mon sujet, est un dessin de Pendants d'aureilles (pendants à aureilles).

C'est une réunion de neuf pendants disposés par trois, dont chacun porte au centre un monogramme composé de trois ou quatre lettres.

Bien qu'il soit de toute évidence que ces dessins ont été faits d'après des objets en usage au temps de Françoys Merlin, je ne connais pas d'autres bijoux dont l'ornementation soit empruntée à l'alphabet, si ce n'est pourtant le collier exposé au musée du Louvre dans la galerie d'Apollon, dont chaque chaînon est formé par un monogramme composé des lettres C. D. S.

Le roi Henri III, qui aimait passionnément les emblèmes, les insignes, les lettres, et qui fit mettre, après la mort de Marie de Clèves, son monogramme sur ses propres reliures, ne portait-il pas de semblables bijoux?

Un tableau de l'école vénitienne, XVIᵉ siècle (portrait de femme, n° 517), semble constater l'usage de ces bijoux. Un lacet est placé sur le front comme une ferronière; au centre sont un A et un C enlacés, à droite et à gauche les lettres B I placées en croix.

Dans la collection de portraits dessinés au XVIᵉ siècle, n° 7371, on trouve un portrait de femme dont les pendants d'oreilles sont des monogrammes composés des lettres B D G, et dont le collier est composé d'ornements analogues.

En restant toujours dans le champ des hypothèses, ne pourrait-on pas supposer que les deux merveilleuses lettres en bois sculpté F M, conservées au musée du Louvre, soient un échange de cadeaux entre François Ier et Marguerite de Valois, la marguerite des marguerites ?

Si les exemples de monogrammes contenus dans le livre de Françoys Merlin étaient plus nombreux, on pourrait croire qu'on y puisa des modèles. Deux siècles plus tard, nous trouvons dans la chapelle des Carmes le monogramme de Mme d'Hinisdal de Soyecourt, qui semble emprunté à l'un de ceux qu'on y rencontre ; mais si admissible que soit cette hypothèse, on ne pourrait assurer que le hasard seul ne soit pas l'auteur de cette analogie.

En livrant au public cet essai sur les monogrammes historiques, je ne me dissimule pas la distance qui le sépare d'un travail complet, mais je m'estimerai heureux néanmoins, et mon but sera atteint, si, tel quel, il peut rendre quelques services.

J'ai suivi, pour le classement, l'ordre alphabétique, comme étant le plus simple, le plus rationnel et offrant au chercheur la marche la plus sûre; ainsi, pour trouver un monogramme dans ce livre, on devra d'abord s'assurer des lettres qui le composent et se reporter à celle de ces lettres qui occupera le premier rang dans l'ordre alphabétique.

Je ne terminerai pas sans adresser mes sincères remerciments à M. Jules Cousin, sous-bibliothécaire à l'Arsenal, pour la bonne grâce avec laquelle il a mis à ma disposition une foule de matériaux précieux.

A M. A. Preux, avocat général à Douai, pour ses obligeantes communications et pour les emprunts qu'il m'a permis de faire à sa curieuse collection de jetons et d'ex libris.

A mon excellent ami Fichot, le dessinateur-archéologue, pour ses nombreuses communications.

A M. Paul Lacroix, dont les encouragements et les conseils m'ont soutenu et parfois guidé dans ce long et aride travail.

A M. le baron J. Pichon, qui a mis à ma disposition tous les volumes de sa magnifique bibliothèque, tous les jetons et médailles de sa riche collection, mines fécondes auxquelles je dois quelques-uns des plus curieux monogrammes qu'on trouvera dans ce livre.

A M. L.-J. Guènebault, dont l'obligeance est connue de tous les chercheurs.

A MM. Anatole de Montaiglon, Ph. Burty, Alexis Martin, Patrice Salin, Karles Fichot, qui tous m'ont prêté un concours dont je leur suis reconnaissant.

Et enfin à toutes les personnes qui, dans l'avenir, voudraient bien me communiquer quelques documents utiles pour perfectionner ou compléter ce travail dans la mesure du possible.

A. B.

A

Armand-Jean du Plessis, cardinal de Richelieu, premier ministre de France, mort en 1641.

Monogramme composé des lettres A R R, sur son tombeau, dans l'église de la Sorbonne.

Clàude de Lorraine, premier duc de Guise, mort en 1550, et **Antoinette Bourbon Vendome**, sa femme, morte en 1583.

Monogramme composé des lettres A C; sculpté sur leur tombeau.

A

Sophie Arnould, actrice de l'Opéra, célèbre par son esprit, née vers 1740, morte à Paris en 1803.

Monogramme composé des lettres A S, au bas de la gravure de Massard, d'après le tableau de Greuze, *La Cruche cassée,* 1773.

Henri III, roi de France, mort en 1589.

Monogramme composé des lettres A H O T (T pour *tertius*), sur le plat d'un livre de sa bibliothèque.

(*Collection de l'auteur.*)

A

ANNE DE LORRAINE, morte en 1568, mariée en premières noces en 1540 à RENÉ DE NASSAU, prince d'Orange, et en secondes noces à Philippe de Croy, duc d'Arschot, fille d'Antoine dit le Bon, duc de Lorraine et de Bar.

Monogramme composé des lettres A F R, sur une médaille.

ANTOINE BARILLON DE MORANGIS, successivement intendant à Metz, à Caen et à Orléans, maître des requêtes, mort en 1686.

Monogramme composé des lettres A B B M, entre les nerfs des volumes de sa bibliothèque. (*Collection de l'auteur.*)

A

ANTOINE, duc de Lorraine et de Bar, et RENÉE DE BOURBON-MONTPENSIER, mariés en 1515.

Monogramme composé des lettres A F R, souvent accompagné d'une croix de Lorraine avec un baudrier enlaçant la croix. La devise du duc était « *J'espère avoir.* »

FERRY II, duc de Lorraine, comte de Guise, mort en 1472, et sa femme YOLANDE d'ANJOU, reine titulaire de Naples, de Sicile et de Jérusalem, duchesse héritière de Lorraine, morte en 1483.

Monogramme composé des lettres A F et du Lambda Λ, sculpté sur leur tombeau.

A

Marie - Thérèse d'Autriche, femme de Louis XIV, morte en 1683. Monogramme composé des lettres A M T, entre les nerfs des volumes de sa bibliothèque et souvent sur les plats (aux angles). (*Collection de l'auteur.*)

Pierre II, seigneur de Beaujeu, régent de France en 1483, lieutenant-général du royaume en 1494, VIIe duc de Bourbon, mort en 1503, et Anne de France, fille de Louis XI, régente du royaume en 1483, morte en 1522.

Chiffre composé des lettres A P, sculpté sur le château de Moulins.

A

Pierre II, seigneur de Beaujeu (VIIe duc de Bourbon), et Anne de France, fille aînée de Louis XI.

Chiffre composé des lettres A P, sculpté, ainsi que le précédent, sur le château de Moulins.

Pierre II, seigneur de Beaujeu, et Anne de France.

Chiffre composé des lettres A P, sur une serrure de l'église d'Aigueperse.
(*Collection de M. Armand Queyroy.*)

A

Le Camus, secrétaire du roi Louis XIV.

Monogramme composé des lettres A C C, en fer repoussé, dans l'ornementation d'une rampe, à l'ancien hôtel de Juigné, à Paris, rue Thorigny, aujourd'hui École centrale des Arts et Manufactures.

Le Camus, secrétaire du roi.

Monogramme composé des lettres A C C, sculpté sur la frise du plafond, ancien hôtel de Juigné. — XVIIe siècle.

A

 Vallerand des Hingettes, seigneur des Aubeaux, de Lomme, de Fournes.

Chiffre composé des lettres AV, sur son tombeau dans la collégiale de Saint-Pierre de Lille, xve siècle.

 Anne de Montmorency, connétable de France de 1538 à 1567.

Monogramme composé des lettres AM, traversé d'une épée en pal, sur la bordure d'un vitrail du château d'Écouen.

(*Collection de M. Guénebault.*)

A

PHILIPPE-ALEXANDRE-EMMANUEL, prince de Croy-Sobre, lieutenant général des armées du roi de France en 1718.

Monogramme composé des lettres ACC sur une médaille.

(*Collection de M. Gentil, juge à Lille.*)

 CHARLES DE BOURBON, comte de Soissons et de Dreux, grand maître de France, gouverneur de Normandie, mort en 1612, et ANNE, comtesse de Montafié, morte en 1644.

Monogramme composé des lettres AACC sculpté sur leur tombeau, autrefois dans l'église des Chartreux de Gaillon.

A

Marie - Antoinette de Lorraine, archiduchesse d'Autriche, reine de France, morte en 1793.

Monogramme composé des lettres A M en fer repoussé, rampe de l'escalier, vestibule du palais du petit Trianon.

Marie - Antoinette, reine de France.

Monogramme composé des lettres A M L L, brodé en soie de différentes couleurs au centre d'un tapis de table en satin blanc.

— 11 —

A

 Jean, duc de Bedford, régent de France, et sa femme, Anne de Bourgogne, sœur de Philippe le Bon, duc de Bourgogne ; Anne, mariée en 1423, mourut en 1432.

Chiffre composé des lettres AY (pour J), peint dans l'ornementation d'un manuscrit ayant appartenu à Jacques Jouvenel des Ursins.

 Marie de Clèves et Henri Ier de Bourbon, prince de Condé, mariée en 1572, morte en 1574.

Monogramme composé des lettres A CCM, sur une reliure ayant appartenu à Henri III.

A

 Henri IV, roi de France, né le 13 décembre 1553, et Marie de Médicis, mariés en 1600.

Monogramme composé des lettres A H M, sur une médaille du temps.

 Antoinette de Bourbon - Vendome, grand'tante d'Henri IV, morte le 18 février 1585. Elle était femme de Claude de Lorraine, premier duc de Guise.

Monogramme composé des lettres A V en semis sur les plats des volumes de sa bibliothèque.

A

 Louis XIII, roi de France, et ANNE D'AUTRICHE, mariés le 25 novembre 1615.

Monogramme composé des lettres A L, sculpté sur les boiseries du palais de Fontainebleau, appartements du pape.

 Louis XIII, roi de France, mort en 1643, et ANNE D'AUTRICHE, morte en 1666.

Monogramme composé des lettres A L sur une médaille du temps.

A

 Louis XIII, roi de France, et Anne d'Autriche, mariés le 25 novembre 1615.

Monogramme composé des lettres A A L, sculpté au plafond du salon Louis XIII au palais de Fontainebleau.

 Anne d'Autriche, reine de France, femme de Louis XIII, morte en 1666.

Monogramme composé des lettres A A au bas d'un portrait de la reine.

A

 Anne d'Autriche, reine de France, femme de Louis XIII.

Monogramme composé des lettres A A N N, peint en miniature sur le dernier feuillet d'un manuscrit offert à la reine.

 Anne d'Autriche, reine de France, femme de Louis XIII, morte en 1666.

Lettre A peinte sur un vitrail de l'Arquebuse de Troyes.

(*Aujourd'hui au musée de cette ville.*)

A

ANNE D'AUTRICHE, reine de France, femme de Louis XIII.

Monogramme composé de deux Λ Λ, (alphas) sculpté sur les boiseries dans les appartements de la reine au palais de Fontainebleau.

JACQUES-AUGUSTE DE THOU, président au parlement de Paris, grand maître de la bibliothèque du roi, mort en 1617, et MARIE DE BARBANÇON-CANY, sa première femme, morte en 1601.

Monogramme composé des lettres AIM entre les nerfs des volumes de sa bibliothèque et souvent dans le cartouche de ses armes.

A

JACQUES - AUGUSTE DE THOU et sa seconde femme GASPARDE DE LA CHASTRE. Monogramme composé des lettres AGGI (I pour J), entre les nerfs des volumes de sa bibliothèque et souvent dans le cartouche de ses armes.

ANNE DE BRETAGNE, seconde femme de Louis XII, roi de France, mariée en 1491.

Lettre **A**, peinte en miniature sur le premier feuillet du livre d'Heures de la reine conservé au Musée des souverains.

A

Anne de Bretagne, reine de France, veuve en 1515.

Lettre A formée d'une cordelière, peinte en miniature sur le dernier feuillet du livre d'Heures de la reine conservé au Musée des souverains.

Marie - Anne - Christine - Victoire de Bavière, morte en 1690, épouse de Louis dit le grand Dauphin, fils de Louis XIV.

Monogramme composé des lettres ACM sur le plat d'un livre d'Heures.
(*Collection de l'auteur.*)

A

 ANNE - MARIE - LOUISE D'ORLÉANS, duchesse de Montpensier, princesse de Dombes, née en 1627, morte en 1693, la grande Mademoiselle, fille de Gaston d'Orléans.

Monogramme composé des lettres ADLM.

 ANTOINE DE CLERMONT-TONNERRE, grand maître des Eaux et Forêts, créé premier comte de Clermont en 1547.

Monogramme composé des lettres ACD, dans des médaillons sur la frise du plafond de la chambre des Arts, au château d'Ancy-le-Franc.

A

Marie Le Jars de Gournay, née à Paris en 1566, morte en 1645. Femme célèbre par son esprit et que Montaigne appelait « sa fille d'alliance ».

Monogramme composé des lettres A A I M R, sur le plat d'un exemplaire des *Essais* de Montaigne, ayant appartenu à mademoiselle de Gournay.

(*A la bibliothèque de Bordeaux.*)

Louise - Marie - Adélaide - Eugénie d'Orléans, dite Madame Adélaïde, sœur du roi Louis-Philippe Ier, née en 1777, morte en 1847.

Chiffre composé des lettres A O sur son cachet.

A

Paul - Hippolyte de Beauvilliers, duc de Saint-Aignan, chevalier des Ordres du roi, en 1724.

Monogramme composé des lettres A B B S S, entre les nerfs des volumes de sa bibliothèque.

(*Bibliothèque de l'Arsenal.*)

François Clausse de Marchaumont, grand maître des Eaux et Forêts en Bourgogne, mort en 1640.

Monogramme composé des lettres A M O O, aux angles des livres de sa bibliothèque.

(*Voir Note n° 1.*)

A

Françoise-Athénaïs de Rochechouart, marquise de Montespan, fille de Gabriel de Rochechouart, duc de Mortemart, épouse de Pardaillan de Gondru, morte en 1707.

Monogramme composé des lettres A G G R, aux angles des volumes de sa bibliothèque. (*Coll. de M. le B*on *Pichon.*)

Marie d'Autriche, sœur de l'empereur Charles-Quint, mariée en 1548 à Louis II, roi de Hongrie et de Bohême, gouvernante des Pays-Bas, de 1531 à 1546.

Monogramme composé des lettres A A M, sur un jeton frappé pour elle dans les Pays-Bas.

A

 Henri VIII, roi d'Angleterre, de 1509 à 1547, et Anne Boleyn, sa seconde femme en 1532.

Chiffre composé des lettres A H gravé sur l'horloge donnée par le roi à sa femme, avec cette devise : THE MOST HAPPY, au-dessous d'un lac d'amour.

 Isabelle de Castille, dite aussi Isabelle la Catholique, morte en 1504, fille et héritière de Jean II, roi de Castille et de Léon, femme de Ferdinand II, roi d'Aragon.

Monogramme composé des lettres A B S Y, sur son armure conservée au Musée de Madrid.

A

François de Raisse, seigneur de la Margerie-Tillolay, gouverneur et bailli de Crèvecœur et d'Arleux, 1530; épousa Anne de Fauquerolle, dame de La Motte-Mazurghn.

Chiffre composé des lettres AF sculpté sur la porte de l'église d'Oignies.

Guillaume de Montfort, duc de Bretagne.

Chiffre composé des lettres A M, dans le champ de son contre-sceau. — 1230.

A

 ALEXANDRE DUSSOMMERARD, conseiller à la Cour des comptes, fondateur du Musée de Cluny, mort à Saint-Cloud, en 1842.

Monogramme composé des lettres A D D.

 ALEXANDRE PETAU, reçu conseiller au Parlement de Paris en 1628.

Monogramme composé des lettres A E P T, entre les nerfs des volumes de sa bibliothèque.

(*Bibliothèque de l'Arsenal.*)

(*Voir Note n° 2.*)

A

 Achille de Harlay, premier président du Parlement de Paris, de 1689 à 1707.

Monogramme composé des lettres A B C D H, entre les nerfs des volumes de sa bibliothèque.

 Ordre de l'Amaranthe, en Suède.

Institué par la reine Christine de Suède, en 1663.

Monogramme composé des lettres A A, au centre de la croix de l'ordre.

A

Saint MACLOU, évêque d'Aleth (Saint-Malo), apôtre de la Bretagne au VIe siècle.

Monogramme composé des lettres A M T S, sculpté au milieu d'un cartouche commémoratif dans le cloître de Saint-Maclou à Rouen.

GABRIEL DE ROCHECHOUART, marquis de Mortemart, gouverneur de Paris, chevalier des Ordres du Roi, mort en 1665.

Monogramme composé des lettres A G S R, entre les nerfs des livres de sa bibliothèque.

A

Marie Maignard, femme d'Alphonse Jubert d'Arcquenency, président de la cour des Aides de Normandie au milieu du XVIᵉ siècle.

Monogramme composé des lettres A B G M., sur son tombeau dans l'église de Vernon.

Alphonse Gusman le Bon, chevalier d'Alcantara.

Monogramme composé des lettres A B C L O, sur le hausse-col de son armure, au musée de Madrid. — XVIᵉ siècle.

A

Anna du Plessis Gautier Dinteville.
Monogramme composé des lettres A G, incrustations en cuivre aux angles de sa pierre tombale dans l'église de Thennelière (Aube). 1531.

Étienne de Nully, président de la Cour des Aides, prévôt des marchands de Paris en 1582.

Monogramme composé des lettres A B D E N, sur le plat des livres de sa bibliothèque.

(*Voir Note n° 3.*)

A

 Marguerite de Beauchamps, fille de Richard, comte de Warwick, morte en 1468, seconde femme de Jean Talbot, comte de Schremburg, maréchal de France, tué en 1453.

Monogramme composé des lettres AGMRTU, sur le manuscrit offert par Talbot à l'occasion de son mariage.

 Simon Arnauld, marquis de Pompone, ambassadeur, ministre et secrétaire d'Etat, mort en 1699, et Catherine l'Avocat, sa femme.

Monogramme composé des lettres A.C. CLLSS, aux angles des volumes de sa bibliothèque. (*Collection de l'auteur.*)

A

 **Pierre-Adolphe de Cambout**, marquis de Coislin.

Monogramme composé des lettres AACCPP, aux angles des volumes de sa bibliothèque. XIXe siècle.

Marie-Caroline-Auguste de Bourbon, fille du prince de Salerne, duchesse d'Aumale, mariée en 1844 à Henri d'Orléans, duc d'Aumale, morte en 1869.

Monogramme composé des lettres A C, sur son cachet particulier.

A

Antoine-René de Voyer d'Argenson, marquis de Paulmy, ministre d'État, bibliophile célèbre, né en 1722, mort en 1787.

Monogramme composé des lettres A D G M, peint en miniature sur les plats des livres de sa bibliothèque.

(*Bibliothèque de l'Arsenal.*)

Marie-Amélie de Bourbon-Naples, femme du roi Louis-Philippe Ier.

Monogramme composé des lettres A M S, sur le cachet de la reine.

B

 CATHERINE - HENRIETTE BELLIER, femme de PIERRE DE BEAUVAIS, première femme de chambre de la reine Anne d'Autriche.

Monogramme composé des lettres B C C H P, sculpté dans le grand escalier de l'hôtel de Beauvais, rue Saint-Antoine. XVIIe siècle.

JEAN BOUHIER, seigneur de Versalien, président à mortier du parlement de Dijon, né en 1673, mort en 1746.

Monogramme composé des lettres B J, sculpté sur un brûle-parfums dans la décoration d'une cheminée.

B

 Étienne Bouhier, conseiller au parlement de Bourgogne, et Madeleine Giraud, sa première femme.

Monogramme composé des lettres BGM, sculpté sur la façade de l'hôtel de Vogué, à Dijon.

Jean-Paul Bignon, abbé de Saint-Quentin-en-l'Isle, conseiller d'État, l'un des quarante de l'Académie française, bibliothécaire du roi, né en 1662, mort en 1743.

Chiffre composé des lettres B B, sur le plat et souvent entre les nerfs des volumes de sa bibliothèque.

B

 Jérome-Frédéric Bignon, né en 1747, mort en 1787, fils d'Armand Jérôme, bibliothécaire du roi.

Monogramme composé des lettres B F G, entre les nerfs des volumes de sa bibliothèque. (*Collection de l'auteur.*)

 Gaston Jean-Baptiste, comte de Cominges-Guitaud, chevalier des ordres du roi, gouverneur de Saumur, ambassadeur en Angleterre, mort en 1670.

Monogramme composé des lettres B C D G P, sur une gravure de Humbelot.

B

Bizeau, de la Chambre des comptes.

Monogramme composé des lettres B L, aux angles des livres de sa bibliothèque.

(*Bibliothèque de l'Arsenal.*)

Nicolas Chalons du Ble, marquis d'Uxelles, chevalier des Ordres du roi, gouverneur de Châlons en 1669, maréchal de France en 1703, mort en 1730.

Monogramme composé des lettres B D, plusieurs fois répété dans la décoration du grand salon, au château de Cormarin. — XVIIe siècle.

B

Du Butay, en Anjou. Monogramme composé des lettres B B D D, entre les nerfs des volumes de sa bibliothèque.

Joseph Bonnier, baron de la Mosson, célèbre amateur du xviiie siècle. — Gersaint a publié le catalogue de sa précieuse collection qui fut vendue en 1745.

Monogramme composé des lettres B B J J, sur un jeton en argent.

(*Collection de M. le baron J. Pichon.*)

B

BERNARD, seigneur de Nassau, et **MADELEINE POTIER**, sa femme.

Monogramme composé des lettres B M, sculpté sur leur tombeau, autrefois aux Célestins de Paris.

CHRISTOPHE DE VILLENEUVE, baron de Vaucluse, de Bargemont, gouverneur de Fréjus, chevalier de l'ordre du roi, gentilhomme de la Chambre, 1572.

Monogramme composé des lettres B C D F R V, sur un jeton.

B

LOMÉNIE DE BRIENNE (Charles-Étienne), archevêque de Toulouse, puis de Sens, cardinal, membre de l'Académie française, premier ministre en 1787.

Monogramme composé des lettres BBLL, entre les nerfs des volumes de de sa bibliothèque.

(*Bibliothèque de l'Arsenal.*)

MADELEINE LE BEAU, femme de Louis de Sabre, trésorier général de France à Paris vers 1620.

Monogramme composé des lettres BLM sur un jeton.

(*Collection de M. Ach. Gentil, juge à Lille.*)

B

 Louis de Brézé, comte de Maulevrier, grand sénéchal de Normandie (mari de Diane de Poitiers). Il mourut en 1531.

Monogramme sculpté sur son tombeau, dans le chœur de la cathédrale de Rouen. (*Voir note n° 4.*)

François Brulart, fondateur du collége des Jésuites à Reims, abbé commandataire de la Valle-Roy et de Chartreine.

Monogramme composé des lettres BF, sculpté au fronton de la porte de l'hôpital de Reims (ancien collége).

B

 D'Hinisdal Soyecourt. Monogramme composé des lettres B B D D.

Ce monogramme se trouvait plusieurs fois répété dans une des chapelles du couvent des Carmes déchaussés à Paris.

Nicolas Briot, né en Lorraine vers 1585, graveur général des médailles sous Henri IV et Louis XIII, puis graveur de la Monnaie de Londres, mort vers 1650.

Monogramme composé des lettres BN.

B

Guille Belier, chanoine de la Sainte-Chapelle, mort en 1428.

Monogramme composé des lettres BG, gravé sur sa pierre tombale et formant semis autour de la figure. — Aujourd'hui dans la chapelle basse de la Sainte-Chapelle.

René de Longueil, président à mortier au parlement de Paris, créé marquis de Maisons en 1658, mort en 1677, et Marie Boulanc, sa femme.

Monogramme composé de lettres B L M O, sculpté sur plusieurs panneaux de portes au château de Maisons-sur-Seine, qu'il a fait bâtir.

B

 François de Brugières, secrétaire du roi, vivant en 1670.

Monogramme composé des lettres B D F, entouré de quatre S barrées.

Louise - Françoise de Bourbon, fille légitimée de Louis XIV et de madame de Montespan, femme de Louis de Bourbon, prince de Condé.

Monogramme composé des lettres B B C C L L, sur un jeton frappé en 1713. (*Collection de M. A. Gentil.*)

B

 Charles - François d'Anglure de Bourlemont, évêque de Castres, d'Aire, archevêque de Toulouse, mort en 1669.

Monogramme composé des lettres B C D D, au bas d'un grand blason gravé par Humbelot. XVIIe siècle.

 Jean Brinon, seigneur de Villaines, conseiller du roi.

Monogramme composé des lettres BE HINOPRS, sur le plat supérieur des volumes de sa bibliothèque, au centre d'un médaillon autour duquel est sa devise : *Espoir me tourmente*.

(*Collection de M. le baron J. Pichon. — Voir note n° 5.*)

B

MICHEL MAZARIN, cardinal et archevêque d'Aix, frère du premier ministre de la minorité de Louis XIV.

Monogramme composé des lettres B B L L M aux angles des volumes de sa bibliothèque.

(*Bibliothèque de l'Arsenal.*)

JACQUES JUBERT, chevalier, marquis de Thil, maître des requêtes et conseiller d'État.

Monogramme composé des lettres B I I pour J J, au bas de son portrait, gravé en 1676 par Trouvain.

B

 Du Barry (Jeanne Vaubernier, comtesse), née en 1744, morte en 1793.

Monogramme composé des lettres B D, peint au fond d'une assiette provenant d'un service lui ayant appartenu.

(*Collection de M. Léopold Double.*)

 Jean le Bouteillier, de Senlis, comte de Moussy-le-Vieux, seigneur de Moussy-le-Neuf, de Criquetot, etc., et Anne Dauvet, sa femme, 1629.

Monogramme composé des lettres B B S, sculpté sur leur tombeau dans l'église de Moussy-le-Vieux (Seine-et-Marne.)

C

CHARLES LE TÉMÉRAIRE, duc de Bourgogne et comte de Flandre en 1467, mort en 1477.

Chiffre composé des lettres C C sur un jeton.

(*Voir note n° 6.*)

CHARLES LE TÉMÉRAIRE et sa troisième femme MARGUERITE D'YORK, sœur d'Édouard IV, roi d'Angleterre, mariés en 1465.

Chiffre composé des lettres C M sur un jeton.

C

Charles le Téméraire, duc de Bourgogne et comte de Flandre en 1467, mort en 1477.

Chiffre composé des lettres CC, brodé sur l'étendard pris dans sa tente par les Suisses à la bataille de Morat.

Henri II, roi de France, et Catherine de Médicis, sa femme.

Monogramme composé des lettres CCH, sculpté dans la décoration intérieure du palais de Fontainebleau.

C

Henri II, roi de France, et Catherine de Médicis, sa femme.

Monogramme composé des lettres C C H, tombeau de Henri II et de Catherine, en semis sur la robe de la reine.

(*Abbaye de Saint-Denis.*)

Henri II, roi de France, et Catherine de Médicis, sa femme.

Monogramme composé des lettres C C H, sculpté au château d'Oiron.

C

Henri II, roi de France, et Catherine de Médicis, sa femme.
Monogramme composé des lettres C C H, découpé à jour sur la bordure d'une coupe à fruits par Bernard Palissy.

Henri II, roi de France, et Catherine de Médicis, sa femme.
Monogramme composé des lettres C C H, découpé à jour sur la bordure d'une coupe à fruits par Bernard Palissy.

C

Charles II, duc de Lorraine et de Bar, de 1545 à 1608.

Monogramme composé des lettres C C, sur une monnaie.

Charles II, dit le Grand, duc de Lorraine de 1545 à 1608, et **Claude de France**, fille de Henri II, sa femme, mariés en 1559.

Monogramme composé des lettres C C, et la croix de Lorraine sur un jeton.

(*Collection de M. A. Preux.*)

C

Charles II, dit le Grand, duc de Lorraine et de Bar de 1545 à 1608.

Monogramme composé des lettres CC, dans les caissons du plafond de la salle des Cerfs du palais des ducs de Lorraine.

Charles II, dit le Grand, duc de Lorraine de 1545 à 1608, et Claude de France, fille du roi Henri II, sa femme.

Monogramme composé des lettres CC, formé de feuilles de laurier. Ce monogramme est soutenu par deux bras sortant des nuages, dont les mains enlacées sont le symbole de l'union.

C

Charles III, duc de Lorraine. Monogramme composé des lettres C C C C, sur le caparaçon que son cheval portait pendant ses funérailles, qui eurent lieu en 1609.

Charles IV, duc de Lorraine et de Bar, de 1675 à 1690.
Monogramme composé des lettres C C et de la croix de Lorraine, gravé en tête de l'œuvre de Sébastien Lecle dédié à ce prince.

C

CHARLES IX, roi de France, né à Saint-Germain-en-Laye en 1550, sacré à Reims le 15 mars 1561, mort à Paris le 31 mai 1574.

Monogramme composé des lettres CCCC, sur une monnaie d'or.

CHARLES COTIN (l'abbé), l'un des Quarante de l'Académie française, mort en 1682, ridiculisé par Boileau.

Monogramme composé des lettres C C, sur les volumes de sa bibliothèque.

C

CHARLES DE SAINTE-MAURE, duc de Montausier, duc et pair de France, gouverneur du Dauphin, mort en 1690, et JULIE D'ANGENNES, marquise de Rambouillet, sa femme, morte en 1671.

Monogramme composé des lettres C C J J, aux angles des volumes de sa bibliothèque. (*Collection de l'Auteur.*)

CHARLES-MAURICE LE TELLIER, archevêque de Reims en 1671, commandeur de l'ordre du Saint-Esprit, mort en 1710.

Monogramme composé des lettres L L C C M, aux angles d'une tapisserie. (*Collection de M. Vail.*)

C

Christian VII, roi de Danemark et de Norvège, né le 29 janvier 1749, mort fou le 13 mars 1808 à Rendsbourg, en Holstein.

Monogramme composé des lettres C R, sur une monnaie de cuivre.

Félix Vialart de Herse, 88ᵉ évêque de Châlons-sur-Marne, pair ecclésiastique, né en 1613, mort en 1680.

Monogramme composé des lettres E C F P V.

(*Voir note n° 7.*)

C

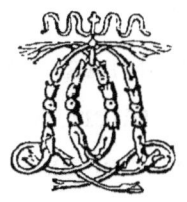 Charles de Cossé, comte de Brissac, maréchal de France, mort en 1563.

Monogramme composé des lettres C C L L. Ce monogramme se trouve plusieurs fois répété sur la colonne funéraire que le roi Charles IX lui avait fait ériger dans l'église du couvent des Célestins, chapelle d'Orléans, aujourd'hui au musée de la Renaissance au Louvre.

Philippe de Croy, duc d'Aerschot, prince de Chimai.

Monogramme composé des lettres C C D D P P T T, sur un jeton de 1554.

C

Jacques Nompar de Caumont, premier duc de la Force, pair et maréchal de France, mort en 1652.

Monogramme composé des lettres C C C, entre les nerfs des volumes de sa bibliothèque.

Michel de Montaigne, conseiller au parlement de Bordeaux, maire de Bordeaux, mort en 1592 et Françoise de Chassagne, sa femme, mariés en 1566.

Monogramme composé des lettres C C M M, sur le manteau d'une cheminée dans le château de Montaigne. Ce monogramme est peint au milieu d'encadrements à filets d'or sur fond d'azur.

C

SC Ancien prieuré de SAINTE-CATHERINE du Val des Écoliers, à Paris.

Chiffre composé des lettres C S, sur le plat des volumes de la bibliothèque.

(*Bibliothèque de l'Arsenal.* — *Voir note n° 8.*)

CHARLES DE SAINT-ALBIN, bâtard d'Orléans, légitimé en 1722; évêque de Laon en 1722, archevêque de Cambrai en 1723, mort en 1764.

Monogramme composé des lettres CC, entre les nerfs des volumes de sa bibliothèque.

Au milieu des deux C la barre de bâtardise.

C

CHARLES, roi de Castille et prince des Pays-Bas en 1516, plus tard l'empereur Charles-Quint, né à Gand le 24 février 1500, mort le 21 septembre 1558.

Monogramme composé des lettres C C, sur un jeton.

LEMOINE, bibliophile (XVIIIe siècle).

Monogramme composé des lettres C J L M, sur son *ex-libris*, avec cette devise :

Les lettres nourrissent l'âme.

(Collection de M. *A*. Preux.)

C

François de Bourbon, prince de Conti, souverain de Château - Regnault, mort en 1614, et sa seconde femme Louise-Marguerite de Lorraine, comtesse d'Eu.

Monogramme composé des lettres C C et du lambda λ entrelacés pour Conti et Lorraine, en semis sur les plats des volumes de sa bibliothèque : au centre, ses armes et celles de sa femme.

Charles, premier duc de Croy-Renty.

Monogramme composé des lettres CCEEHNRRYY, sur les plats des volumes de sa bibliothèque avec sa devise : *J'y parviendrai. Croy.*

C

Louis XI, roi de France en 1461, mort en 1483, et Charlotte de Savoie sa seconde femme, morte la même année.

Monogramme composé des lettres C L, peint au revers d'un portrait de Charlotte de Savoie avec les armes du roi et de la reine.

Charles-Henri, comte de Clermont et de Tonnerre, chevalier des ordres du roi en 1633, mort en 1640.

Monogramme composé des lettres C C H H, sculpté sur le balcon et peint sur les boiseries de la salle des Gardes, au château d'Ancy-le-Franc.

C

Hercule de Rohan, duc de Montbazon, duc et pair de France, confirmé dans ce titre en 1594, mort en 1654.

Monogramme composé des lettres C C H, peint sur un lambris de l'hôtel de Montbazon, rue Béthisy.

Monseigneur le comte de Jot.

Monogramme composé des lettres C C J J, sur le premier feuillet d'un manuscrit conservé à la bibliothèque de l'Arsenal avec cette devise :

IGNE. PERIRE. TVO. LICEAT.

C

 Louis-Urbain Lefebvre, seigneur de Caumartin, marquis de Saint-Ange, né en 1653, mort en 1720, conseiller au parlement de Paris, puis maître des requêtes, intendant des finances et conseiller d'État.

Monogramme composé des lettres C C L L, entre les nerfs des volumes de sa bibliothèque.

(*Bibliothèque de l'Arsenal.*)

 Bibliothèque de la reine Marie-Antoinette, au château de Trianon.

Chiffre composé des lettres C T, entre les nerfs des volumes.

(*Collection de M. le baron J. Pichon. — Voir note n° 9.*)

C

JULES, Cardinal MAZA-RIN, premier ministre de France, né à Piscina, dans les Abruzzes, le 14 juillet 1602, mort en 1661.

Monogramme composé des lettres C M, peint dans la décoration de la galerie de son palais (aujourd'hui salle des Gravures, à la Bibliothèque impériale.)

JULES, Cardinal MAZA-RIN, premier ministre de France, mort en 1661.
Monogramme composé des lettres C J M, sur les plats d'un livre de sa bibliothèque.

4.

C

 Valentin Conrard, conseiller secrétaire du roi, membre de l'Académie française, mort en 1675.

Monogramme composé des lettres CCVVV, aux angles des volumes de sa bibliothèque.

 Valentin Conrard, conseiller secrétaire du roi.

Monogramme composé des lettres CC VV, aux angles des volumes de sa bibliothèque. Sa devise était : FUGAT OMNE VENENUM.

C

JEAN-BAPTISTE COLBERT, ministre et secrétaire d'État, contrôleur général des finances sous Louis XIV.

Monogramme composé des lettres C C, aux angles d'un volume de sa bibliothèque.

JEAN-BAPTISTE COLBERT, marquis de Seignelay, ministre et secrétaire d'État, fils et successeur du grand Colbert; mort en 1690.

Monogramme composé des lettres B C J, aux angles des volumes de sa bibliothèque. Ce monogramme est surmonté de la couronne de marquis; au-dessous, la couleuvre des Colbert.

C

 Charles-Joachim Colbert, neveu du grand Colbert, évêque de Montpellier en 1697, mort en 1738.

Monogramme composé des lettres C C J J M, entre les nerfs des volumes de sa bibliothèque.

(*Bibliothèque de l'Arsenal. — Voir note n° 10.*)

 Jean-Baptiste Colbert, marquis de Croissy et de Torcy, ministre et secrétaire du roi, mort en 1746.

Monogramme composé de lettres B B C C J J, entre les nerfs des volumes de sa bibliothèque.

C

Charles Ier de Gonzagues, duc de Nevers de 1601 à 1637, fils de Louis Gonzagues et de Pleurette, duchesse de Nevers.

Monogramme composé des lettres C C C, sur un carreau émaillé provenant du palais ducal.

(*Aujourd'hui au musée de Sèvres.*)

Catherine - Marie de Lorraine (de la branche de Guise), sœur du Balafré, mariée en 1570 à Louis de Bourbon, duc de Montpensier.

Monogramme composé des lettres C C C, sur un jeton.

C

Ancienne communauté de SAINTE-CATHERINE, à Paris.

Monogramme composé des lettres C S, entre les nerfs des volumes de la bibliothèque de ce monastère.

(*Bibliothèque de l'Arsenal.*)

MICHEL CHAMILLART, comte de la Suze, ministre d'État, contrôleur général des finances, puis ministre de la guerre, mort en 1721.

Monogramme composé des lettres C C M, sur un jeton.

(*Collection de M. Gentil, de Lille.*)

C

Jean de Damas, lieutetenant du gouvernement du Nivernais, gentilhomme ordinaire de la Chambre de Henri III, et Edmée de Crux, sa femme.

Monogramme composé des lettres C D E, sur un jeton de 1560.

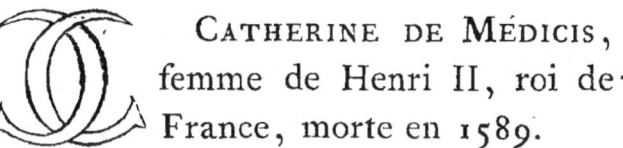

Catherine de Médicis, femme de Henri II, roi de France, morte en 1589.

Monogramme composé des lettres C C, aux angles d'un volume de sa bibliothèque.

C

Charles IV Léopold, duc de Lorraine et de Bar de 1675 à 1690.

Monogramme composé des lettres CC, et de la croix de Lorraine sur une médaille.

François de Lorraine, comte de Vaudemont, plus tard le duc François II, mort en 1632, et sa femme Christine de Salm, mariés en 1591.

Monogramme composé des lettres C CEE, sur une médaille.

C

Charles d'Amboise, seigneur de Chaumont, grand maître, maréchal et amiral de France, mort en 1511.

Monogramme composé des lettres C C, sculpté sur la tour du château de Meillant.

Louis de la Vergne Monteynard de Tressan, évêque du Mans en 1672; aumônier de Monsieur, frère du roi, mort en 1712.

Monogramme composé des lettres DCLMT.

(*Voir note n° 11.*)

C

Henri II, dit le Bon, duc de Lorraine de 1608 à 1624, et Catherine de Bourbon-Vendôme, fille d'Antoine, roi de Navarre, sa première femme, morte en 1604.

Monogramme composé des lettres C C H, entouré de petites flammes.

Villacerf, intendant général des bâtiments du roi et mademoiselle de Courson, sa femme.

Monogramme composé des lettres C C V, au centre du motif sculpté au-dessus de la cheminée du salon de l'hôtel d'Ormesson.

C

Claude Gouffier, grand écuyer de France, créé duc de Rouannois en 1519, mort en 1570, et Françoise de Brosse, la seconde de ses cinq femmes.

Monogramme composé des lettres CFG, plusieurs fois répété dans les caissons d'un plafond de bois sculpté au château d'Oiron (Deux-Sèvres).

(*Voir note n° 12.*)

Charles, roi d'Espagne en 1516, plus tard l'empereur Charles-Quint, mort en 1558.

Monogramme composé des lettres CC, sur un jeton de 1519.

(*Collection de M. A. Preux.*)

C

 Jean-Jacques Charron, marquis de Ménars, président au parlement de Paris, surintendant de la maison de la reine, etc., mort en 1718.

Monogramme composé des lettres C C J J M, entre les nerfs des volumes de sa bibliothèque.

(*Bibliothèque de l'Arsenal.*)

 Jean-Jacques Charron, marquis de Ménars.

Monogramme composé des lettres C C J J M, entre les nerfs des volumes de sa bibliothèque.

(*Collection de l'Auteur.*)

D

Henri II, roi de France, mort en 1559 d'un coup de lance reçu dans un tournoi et Diane de Poitiers, fille aînée de Jean de Poitiers, seigneur de Saint-Vallier, morte en 1566.

Monogramme composé des lettres D D H, sculpté au château de Fontainebleau.

Henri II, roi de France en 1547 et Diane de Poitiers, sa maîtresse, née en 1499, morte en 1566.

Monogramme composé des lettres D D H, sculpté dans la galerie Henri II au palais de Fontainebleau.

D

 Henri II, roi de France en 1547 et Diane de Poitiers, duchesse de Valentinois, née en 1499, morte en 1566.

Monogramme composé des lettres D D H, accolé de quatre croissants sur une reliure ayant appartenu à Diane de Poitiers.

(*Bibliothèque de l'Arsenal.*)

 Michel Particelli, seigneur d'Hemery, contrôleur général des finances de France au commencement du règne de Louis XIII.

Monogramme composé des lettres D H M P, sculpté au château de Tanlay.

D

Ancienne abbaye de SAINT-DENIS, en France.
Monogramme composé des lettres DDSS, entre les nerfs des volumes de la bibliothèque de l'abbaye.
(*Bibliothèque de l'Arsenal.*)

J. FERREY, conseiller secret du roi, général de l'artillerie de France.
Monogramme composé des lettres D F F I pour J, sur un jeton de l'époque.
(*Collection de M. A. Gentil.*)

D

 Henri de Valois, roi de Pologne en 1573, plus tard Henri III, roi de France.

Monogramme composé des lettres D H V, sur une gravure sur bois du XVIe siècle aux armes écartelées au premier et quatrième, Pologne et Lithuanie.

 Joachim Descartes, chevalier de l'ordre de Jérusalem, frère ou neveu du célèbre philosophe René Descartes.

Monogramme composé des lettre D D J J L L, sur un manuscrit conservé à la bibliothèque de l'Arsenal.

D

 Marie-Louise de Gonzague, fille de Charles Ier, duc de Nevers, mariée en 1646 à Vladeslas VII, roi de Pologne et remariée en 1649 à Jean-Casimir, aussi roi de Pologne, son beau-frère, avec cette devise : *Non aliter placitura.*

Monogramme composé des lettres D G L M, sur un portrait gravé.

 Charlotte de la Marck, princesse de Sedan, duchesse de Bouillon, dame de Jametz, mariée en 1591 à Henri de la Tour d'Auvergne.

Monogramme composé des lettres D D M M, sur une monnaie obsidionale de 1588.

D

Dominique Séguier, conseiller au parlement de Paris, doyen de l'église de Paris, évêque d'Auxerre, puis de Meaux, premier aumônier du roi, mort le 16 mai 1649, de la branche des Séguier, seigneurs d'Autry.

Monogramme composé des lettres D D S, aux angles des volumes de sa bibliothèque.

(*Bibliothèque de l'Arsenal.*)

Edme Dumesnil, seigneur d'Unieuville.

Monogramme composé des lettres D H N Y, gravé sur sa pierre tombale dans l'église d'Unieuville (Aube), 1608.

D

Henri d'Escoubleau de Sourdis, archevêque de Bordeaux en 1628, intendant de l'artillerie au siége de La Rochelle, mort en 1645.

Monogramme composé des lettres D D H S, entre les nerfs des volumes de sa bibliothèque.

(*Bibliothèque de l'Arsenal.*)

Du Crest de Villeneuve, secrétaire général de l'administration des droits réunis sous le premier empire, parent de l'amiral Du Crest de Villeneuve.

Monogramme composé des lettres D J L, sur son Ex-Libris.

(*Collection de M. A. Preux.*)

D

DIANE DE POITIERS, fille de Jean de Poitiers, seigneur de Saint-Vallier, et veuve de Louis de Brézé, grand-sénéchal de Normandie, maîtresse de Henri II, roi de France, duchesse de Valentinois et d'Étampes, morte en 1566.

Monogramme composé des lettres D D H, sur un verrou provenant du château d'Écouen.

JOUBERT D'ORLÉANS DE BEAUVOIR, échevin de Nantes en 1602.

Monogramme composé des lettres B D Y, sur un jeton d'argent du cabinet des médailles, à Paris.

D

 Victor-Marie, duc d'Estrées, grand d'Espagne, maréchal et vice-amiral de France, membre de l'Académie des Inscriptions, mort en 1737.

Monogramme composé des lettres D D M V, entre les nerfs des volumes de sa bibliothèque.

(*Bibliothèque de l'Arsenal.*)

 Henri de Bourbon, roi de Navarre en 1572, roi de France (Henri IV) de 1589 à 1610.

Monogramme composé des lettres B D H, sculpté sur une des façades du Louvre.

D

HD Henri-Eugène-Philippe-Louis-d'Orléans, né en 1822, duc d'Aumale, gouverneur de l'Algérie en 1847, fils du roi Louis-Philippe Ier.

Chiffre composé des lettres D H, sur le cachet du secrétariat des commandements du duc d'Aumale.

Jean d'Auberville, procureur de la ville de Bourges, vers 1600.

Chiffre composé des lettres D I pour J, sur les plats des volumes de sa bibliothèque.

D

 Jean-Nicolas de Tralage, conseiller au parlement et neveu de Gabriel-Nicolas de la Reynie, lieutenant général de police sous Louis XIV.

Monogramme composé des lettres D D J J T T, sur son Ex-Libris.

 Jehan de Montescot, seigneur de Mainvillier-la-Garenne, 1528, procureur de la reine et maître des requêtes.

Monogramme composé des lettres D D H M, sculpté sur l'hôtel Montescot, à Chartres.

E

RENÉ, comte d'Anjou et de Provence, roi titulaire de Naples en 1435, duc de Lorraine du chef de sa femme Isabelle, créateur de l'ordre du Croissant, fameux par son amour des lettres et des arts, mort en 1480.

Monogramme composé des lettres E R, dessiné par lui sur un manuscrit conservé à la Bibliothèque impériale.

RENÉ, comte d'Anjou et de Provence.

Monogramme composé des lettres E R, sur le psautier du roi.

E

Maître Étienne Chevalier, maître des comptes, trésorier de France, contrôleur général des finances sous Charles VII et sous Louis XI.

Chiffre composé des lettres E E, plusieurs fois répété dans les miniatures exécutées par Jehan Fouquet pour le livre d'heures d'Étienne Chevalier.

Hélène de Hangest, veuve d'Arthur de Montmorency, fille de Philippe de Montmorency.

Monogramme composé des lettres E H N, sculpté sur une des clefs de voûte du château d'Oiron.

E

Charles IX, roi de France, mort en 1574, et Élisabeth d'Autriche, sa femme, fille de Maximilien II, empereur, morte en 1592.

Monogramme composé des lettres E K, peint dans la décoration du pont Notre-Dame, lors de l'entrée du roi et de la reine à Paris, en 1571.

Mathieu Molé, seigneur de Champlastreux, conseiller au parlement, puis procureur général, premier président en 1641, garde des sceaux en 1651, mort en 1656.

Monogramme composé des lettres E I L M O, entre les nerfs des volumes de sa bibliothèque.

E

L'ancien séminaire des MISSIONS ÉTRANGÈRES, à Paris.

Monogramme composé des lettres E M, entre les nerfs des volumes de la bibliothèque.

(*Bibliothèque de l'Arsenal.*)

NICOLAS-LAMBERT DE THORIGNY, président de la seconde chambre des requêtes de Paris, prévôt des marchands de Paris en 1725.

Monogramme composé des lettres E L N, peint sur les pilastres de la chambre dite des Muses, à l'hôtel Lambert.

E

Église Saint-Étienne-du-Mont, à Paris.

Monogramme composé des lettres E S, sculpté sur la chaire de l'église.

Petit du Fresnoy, bibliophile qui vivait vers le milieu du XVIIe siècle et qui a laissé une bibliothèque aussi importante que curieuse.

Monogramme composé des lettres E F H N O R S Y, aux angles des volumes de sa bibliothèque.

(*Collection de M. Duthuit.*)

E

ÉLISABETH ROUQUET, morte en 1654.

Monogramme composé des lettres E R, au bas de son portrait, gravé par Frosne en 1655.

LOUIS HESSELIN, maître de la chambre aux deniers en 1630, homme de grand goût, qui présidait à tous les divertissements qui se donnaient à la cour du roi Louis XIV.

Monogramme composé des lettres E H I N O S V, dans le milieu d'un cartouche sur les plats des volumes de sa bibliothèque.

(Collection de M. le baron J. Pichon.

E

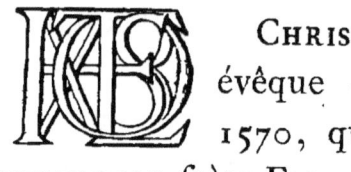 Christophe de Foix, évêque d'Aire, mort en 1570, qui eut pour successeur son frère François.

Monogramme composé des lettres E F H I O S T X, sur une médaille de 1555.

F

F̲ François Ier, roi de France, né à Cognac le 12 septembre 1494, mort à Paris le 31 mars 1547, fils de Charles, comte d'Angoulême.

Lettre F, sculptée sur la façade du château de Sarcus.

François Ier, roi de France, né à Cognac, le 12 septembre 1494, mort à Paris, le 31 mars 1547; fils de Charles, comte d'Angoulême.

Lettre F, sculptée au château de Chambord, entourée d'une cordelière. Le champ de l'F semé de fleurs de lis de France.

F

F<small>RANÇOIS</small> Ier, roi de France, né à Cognac, le 12 septembre 1494, mort à Paris, le 31 mars 1547, fils de Charles, comte d'Angoulême.

Lettre F, sculptée sur une des façades de la cour ovale du palais de Fontainebleau.

F<small>RANÇOIS</small> Ier, roi de France, né en 1494, mort en 1547, dit le Père des Lettres.

Lettre F, sculptée sur les souches des cheminées du château de Saint-Germain.

F

F FRANÇOIS Ier, roi de France de 1515 à 1547.

Lettre F, sculptée sur la boiserie de la galerie François Ier au palais de Fontainebleau.

FRANÇOIS II, roi de France, né le 19 janvier 1543, et MARIE STUART, reine d'Écosse et de France, fille de Jacques V, roi d'Écosse, morte en 1587.

Monogramme composé des lettres F M, sur un jeton.

(Collection de M. le baron J. Pichon.)

 FRANÇOIS II, roi de France, né en 1543, et MARIE STUART, sa femme, morte en 1587.

Chiffre composé des lettres F M, sur un teston d'or.

 FRANÇOISE - MARIE DE BOURBON (Mlle de Blois), légitimée de France, fille naturelle de Louis XIV, morte en 1749, mariée en 1692 à Philippe, duc d'Orléans (le Régent).

Monogramme composé des lettres F F M, sur un jeton en argent.

(*Collection de M. le baron J. Pichon.*)

F

République française, 1793. Monogramme composé des lettres F R N, sur une statuette en terre de la République.

François de Sarcus, quatorzième seigneur de Sarcus, conseiller et chambellan de Louis XI et de Charles VIII, père de Jean de Sarcus, qui fit bâtir le château de Sarcus.

Chiffre composé des lettres F S, sculpté sur la façade du château de Sarcus. — XVIe siècle.

F

 Ferdinand - Philippe - Louis - Charles - Henri - Rose, duc d'Orléans, prince royal, fils du roi Louis-Philippe Ier.

Monogramme composé des lettres F O, sur le plat d'un volume de sa bibliothèque.

(*Collection de M. Arthur Chevalier.*)

Ludovic Sforza, dit le Maure, duc de Milan, mort prisonnier à Loches, en 1510.

Chiffre composé des lettres F S, sur une miniature.

F

Jean-Fréderic, chef de la ligue de Smalkade, duc de Saxe, de 1532 à 1554, et Sibille de Clèves, sa femme.

Monogramme composé des lettres F H S, sur une médaille de 1547.

Jean-Frédéric, duc de Saxe de 1532 à 1554, et Sibille de Clèves, sa femme.

Monogramme composé des lettres H F, sur une médaille, vers la même date.

F

FRÉDERIC Ier, électeur de Brandebourg et duc de Prusse en 1688, roi de Prusse de 1701 à 1713.

Monogramme composé des lettres F R, au centre de la croix de l'ordre de l'Aigle noir, institué en 1701.

MARIE D'AUTRICHE, fille de Charles-Quint, mariée en 1548 à Maximilien II, roi de Bohême et de Hongrie, empereur d'Allemagne en 1565; elle mourut en 1603.

Monogramme composé des lettres F L M R, sur un jeton frappé en 1532, Marie d'Autriche étant gouvernante des Pays-Bas.

F

François de Bourbon, comte de Vendôme et de Saint-Pol, mort en 1495.

Monogramme composé des lettres F R, sur un jeton de sa Chambre des comptes.

Jean Floreins (Frère). Chiffre composé des lettres F I (*pour J*), sur le bord des volets d'un triptyque peint par Memling pour Jean Floreins, en 1479.

Au centre, l'Adoration des mages; sur les volets, saint Jean et sainte Véronique.

(*Conservé au Musée de Liége.*)

F

Françoise de Penhoert, première femme de Pierre de Rohan, seigneur de Gié, maréchal de France, dit le maréchal de Gié, mort en 1513.

Lettre F semée de larmes, sur un vitrail du château de Verges, en Anjou.

G

Saint-Germain-l'Auxerrois, à Paris (Chapitre de). Monogramme composé des lettres G S, sur les accotoirs de deux bahuts ou banquettes formant le soubassement de deux corps d'armoires en menuiserie du xve siècle, dans la chambre aux archives de l'église Saint-Germain-l'Auxerrois.

Louis de Roucherolles, chambellan du roi François Ier, marié à Françoise Halleiwin, mort en 1538.

Chiffre G L R, répété plusieurs fois dans l'encadrement des pages d'un manuscrit conservé à la Bibliothèque de l'Arsenal.

G

Louis de Gouffier, duc de Rouannois, pair de France, mort en 1642, petit-fils du fondateur du château d'Oiron.

Monogramme composé des lettres G λ λ, dans les écoinçons du plafond du salon des Muses au château d'Oiron.

Jean-Baptiste Guyon de Sardière, capitaine au régiment du roi, mort à Paris, en 1759.

Monogramme composé des lettres GGSS, entre les nerfs des volumes de sa bibliothèque.

(*Bibliothèque de l'Arsenal.*)

G

Jean-Georges, duc de Saxe-Weissenfels.

Chiffre composé des lettres G J, au centre de la croix de l'ordre de la Noble-Passion, institué en 1704.

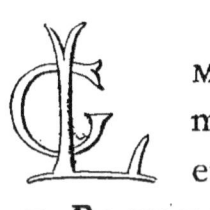

Louis de la Trémouille, 2ᵉ du nom, mort à la bataille de Pavie, en 1524, et **Gabrielle de Bourbon**, sa femme, morte à Thouars, en 1516.

Monogramme composé des lettres G L, sur un des pilastres du soubassement de leur tombeau dans l'église de Thouars.

G

HENRI IV, roi de France en 1589, et GABRIELLE D'ESTRÉES, duchesse de Beaufort, morte en 1599.

Monogramme composé des lettres GGH, sculpté sur la galerie du Louvre.

Ancienne bibliothèque de SAINTE-GENEVIÈVE de Paris.

Monogramme composé des lettres G S, entre les nerfs et sur les plats des volumes de la bibliothèque.

G

GASTON, duc d'Orléans, comte de Blois, duc de Valois, mort en 1660, frère de Louis XIII, et MARGUERITE DE LORRAINE, sa seconde femme, qu'il épousa en 1632.

Monogramme composé des lettres G M, sur une médaille du temps.

GASTON, duc d'Orléans, comte de Blois, duc de Valois, lieutenant général du royaume en 1643, mort en 1660, frère de Louis XIII et fils de Henri IV.

Monogramme composé des lettres G G, sur une médaille.

G

CHARLES GRUYM, sieur des Bordes, commissaire général de la cavalerie légère, et GENEVIÈVE DE MOUY, veuve de Claude Bretel, sieur de Lanquet.

Monogramme composé des lettres G G M, au plafond d'une des chambres de l'hôtel de Lauzun.

(*Aujourd'hui propriété de M. le baron J. Pichon.*)

MARIE DE BOURBON, duchesse de Montpensier, héritière de Dombes, morte en 1627, première femme de Gaston, duc d'Orléans, fils de Henri IV.

Monogramme composé des lettres G M, sur une monnaie de 1627.

G

JAMES ALEXANDRE, comte Pourtalès Georgies, chambellan du roi de Prusse, né en 1776, mort à Paris, en 1865.

Monogramme composé des lettres G P, peint sur les lambris de son hôtel, rue Tronchet.

D. JACOB PŒRIER, comte d'Anfreville - Cisay, premier président du parlement de Normandie.

Monogramme composé des lettres GI, (*pour J*), sur son tombeau, autrefois dans l'église des Jésuites, à Rouen.

H

HENRI III, roi de France, de 1574 à 1589, et LOUISE DE VAUDEMONT, fille de Nicolas de Lorraine, sa femme.

Monogramme composé des lettres H et λ λ, pour Louise Lorraine, en semis sur les plats des volumes de la bibliothèque de Henri III.

HENRI III, roi de France, en 1574, mort à Saint-Cloud assassiné, le 1er août 1589.

Monogramme composé des lettres H T, pour *Henricus tertius,* sur les médailles distribuées au peuple au sacre de Henri III, en 1575.

H

 Jérome Bonaparte, frère de l'empereur Napoléon Ier, roi de Westphalie, sous le nom de Jérôme Napoléon, de 1807 à 1813, mort en 1860.

Monogramme composé des lettres H N, sur les monnaies, pour *Hieronymus Napoleo*.

 Philippe le Bon, duc de Bourgogne et comte de Flandre, et Ysabeau de Portugal, sa troisième femme, mariés en 1430.

Chiffre composé des lettres H P Y, sur un jeton de la fabrique de Tournay.

H

H Henri II, roi de France, né le 31 mars 1519, tué d'un coup de lance dans un tournoi, le 10 juillet 1559.

Lettre H en bois sculpté, détail de la boiserie, galerie Henri II, au palais de Fontainebleau.

Henri II, roi de France, mort en 1559, et Catherine de Médicis, sa femme, morte en 1589.

Monogramme composé des lettres H K K, sur une médaille d'argent.

H

HENRI II, roi de France, né le 31 mars 1519, tué d'un coup de lance, dans un tournoi, le 10 juillet 1559.

Lettre H sculptée sur la façade du Louvre.

HENRI-EUGÈNE-PHILIPPE-LOUIS D'ORLÉANS, duc d'Aumale, né en 1822, gouverneur de l'Algérie en 1847, fils du roi Louis-Philippe.

Monogramme composé des lettres H O, sur les plats des volumes de sa bibliothèque.

H

Henri d'Orléans, duc d'Aumale.

Monogramme composé des lettres H O, sur les plats des volumes de sa bibliothèque ; l'épée en pal, avec la devise : *J'attendrai.*

Henri d'Orléans, duc d'Aumale.

Monogramme composé des lettres H O, entre les nerfs des volumes de sa bibliothèque.

H

HO **Henri d'Orléans**, duc d'Aumale.

Monogramme composé des lettres H O, au centre des plats d'un volume de sa bibliothèque.

(*Collection de l'auteur.*)

 Le comte d'**Hoym**, ambassadeur du roi de Pologne Auguste II, à Paris, au commencement du règne de Louis XV, mort en 1736.

Chiffre composé d'un H, avec l'aigle blanc de Pologne pour former la barre de l'H, entre les nerfs des volumes de sa bibliothèque.

H

Henri de Lorraine, marquis de Pont-à-Mousson.

Lettre H sur un jeton de 1584.

(*Collection de M. A. Preux.*)

Henri Ier de Bourbon, prince de Condé, puis duc d'Enghien, pair de France, gouverneur de Picardie, mort en 1581, marié en premières noces à Marie de Clèves, en 1574.

Monogramme composé des lettres H M, sur un jeton.

(*Collection de M. A. Preux.*)

H

PHILIPPE LE BEAU, roi de Castille, archiduc d'Autriche, duc de Bourgogne, comte de Flandre, né en 1478, mort en 1506.

Chiffre composé des lettres H P S, sur une médaille du temps.

JÉSUS-CHRIST.

Monogramme composé des lettres I H S, sur une mosaïque autrefois au couvent des Chartreux, à Paris, xve siècle.

H

 Jésus-Christ.

Monogramme composé des lettres I H S, sur une plaque circulaire en faïence de Faënza, de 1475, au musée de Cluny, sous le n° 2078.

Henri IV, roi de France, né à Pau, le 13 décembre 1553, mort assassiné à Paris, le 14 mai 1610.

Lettre H dont la barre est formée par des branches de lauriers et une palme, sur une médaille de Dupré.

(*Collection de M. le baron J. Pichon.*)

H

 Henri IV, roi de France, né à Pau, le 13 décembre 1553, mort le 14 mai 1610.

Lettre H sculptée dans la chapelle de Saint-Saturnin, au palais de Fontainebleau.

 Henri IV, roi de France, en 1589, et Marie de Médicis, sa seconde femme, morte en 1642.

Monogramme composé des lettres H M, dans la décoration de la chapelle de Saint-Saturnin, au palais de Fontainebleau.

H

Henri de Bourbon, roi de Navarre, en 1572, plus tard Henri IV, fils d'Antoine de Bourbon-Vendôme, roi de Navarre, et de Jeanne d'Albret.

Monogramme composé des lettres H S, sur un jeton de 1565.

Henri de Bourbon, roi de Navarre, plus tard Henri IV, et **Marguerite de Valois**, fille de Henri II et sœur de Charles IX, sa première femme.

Monogramme composé des lettres H M, sur une médaille de 1572. Médaille dite de leur mariage.

H

HT Jean Testu, conseiller et argentier du roi François Ier. Monogramme composé des lettres H T, sur un jeton.

I

Jules Mazarin, cardinal, premier ministre de France pendant la minorité de Louis XIV.

Monogramme composé des lettres I L M V, brodé sur velours rouge, en or, argent et soie. Reliure d'un volume de sa bibliothèque.

(*Aujourd'hui à la Bibl. Mazarine.*)

Françoise d'Orléans, fille du marquis de Rothelin, morte en 1601, seconde femme de Louis Ier de Bourbon, prince de Condé, pair de France.

Monogramme composé des lettres X Φ, sur un jeton.

(*Collection de M. A. Preux.*)

I

MAXIMILIEN, archiduc d'Autriche, empereur d'Allemagne, et JEANNE, dite la Folle, reine de Castille, sa bru, mère de Charles-Quint.

Chiffre composé des lettres I M, sur un jeton de 1515, pour le bureau des finances des Pays-Bas espagnols.

Ancienne abbaye de SAINTE-GENEVIÈVE, à Paris.

Monogramme composé des lettres I S, sur le socle du tombeau du cardinal François de la Rochefoucault, grand-aumônier de France, abbé de Sainte-Geneviève, mort en 1643.

I

ANNE DE FRANCE, dame de Beaujeu, fille de Louis XI, mariée en 1474 à Pierre de Bourbon, sire de Beaujeu, régente sous la minorité de Charles VIII.

Chiffre composé des lettres **J M**, qui sont les premières lettres de la devise *Je maintiendrai*, qu'elle avait adoptée lorsqu'elle fut régente.

Miniature d'un manuscrit où elle est représentée.

(*Bibliothèque de l'Arsenal.*)

JEAN, vicomte de Rohan. Chiffre composé des lettres I R, sur son sceau (1380).

I

Isabelle de Castille, dite aussi Isabelle la Catholique, héritière des couronnes de Castille et de Léon, en 1469, femme de Ferdinand d'Aragon, dit le Catholique.

Monogramme composé des lettres I S, sur le caparaçon de son cheval.

(*Conservé au musée de Madrid.*)

Arthur Gouffier, comte d'Étampes, seigneur de Soisi, d'Oiron, grand-maître de France en 1514, mort en 1519.

Monogramme composé des lettres Φ X, sur les plats des livres de sa bibliothèque. En tête, sa devise : *Hic terminus hæret.*

(*Voir Note n° 13.*)

I

PHILIPPE DESPORTES, poëte et abbé, né en 1546, mort en 1606.

Monogramme composé du double Phi Φ, entre les nerfs des volumes de sa bibliothèque.

(*Voir Note n° 14.*)

MARIE STUART, fille de Jacques V, roi d'Écosse, reine de France et d'Écosse, femme de François II, roi de France, morte en 1587.

Monogramme composé des lettres M Φ; à droite et à gauche de ce monogramme se trouve le chardon couronné. (Sur un jeton.)

(*Collection de M. A. Preux.*)

I

MARIE STUART, reine d'Écosse, en 1542, femme de François II, roi de France, morte en 1587.

Monogramme composé des lettres M M Φ, sur le fermoir d'un coffret lui ayant appartenu.

(*Collection de M. Luzarche de Tours.*)

RENÉ, dit le Bon, duc de Lorraine et de Bar, comte de Provence et duc d'Anjou, roi titulaire de Naples, mort en 1480, et JEANNE DE LAVAL, sa seconde femme, morte en 1498.

Chiffre composé des lettres I R, sur une médaille conservée au cabinet de médailles de Florence.

I

Z JEAN ZAMET et JEANNE DE ROUILLARD, sa femme, baron de Murat et Billy, seigneur de Beauvoir et de Cazabelle, et surintendant des bâtiments de Fontainebleau, fils de Sébastien Zamet.

Monogramme composé des lettres I Z, sur son tombeau, autrefois aux Célestins de Paris.

M SÉBASTIEN ZAMET, baron de Murat et Billy, seigneur de Beauvoir et MADELEINE LE CLERC DU TREMBLAY, sa femme.

Monogramme composé des lettres I M, sur son tombeau élevé par les soins de Sébastien Zamet, évêque de Langres et pair de France, aux Célestins de Paris.

I

SÉBASTIEN ZAMET, baron de Murat, seigneur de Beauvoir, capitaine, surintendant des bâtiments du château de Fontainebleau, surintendant de la reine Marie de Médicis, et MADELEINE LE CLERC DU TREMBLAY, sa femme.

Monogramme composé des lettres I M S, sur son tombeau élevé par les soins de Sébastien Zamet, évêque de Langres et pair de France, aux Célestins de Paris.

J

Louis Napoléon Bonaparte, roi de Hollande, de 1806 à 1810, frère de l'empereur Napoléon I*er*.

Monogramme composé des lettres J L N, sur les monnaies de Java, en 1809 et 1810.

Marie-Josèphe de Saxe, mère de Louis XVI, fille de Frédéric-Auguste II, roi de Pologne, seconde femme de Louis, dauphin, fils de Louis XV, morte en 1767.

Monogramme composé des lettres J J M, sur les plats des volumes de sa bibliothèque.

K

Charles IX, roi de France, né le 27 juin 1550, mort à Paris, le 30 mai 1574.

Monogramme composé des lettres K K, sur une des façades du palais du Louvre.

Catherine de Médicis, fille de Laurent II, duc de Médicis, femme de Henri II, roi de France, morte en 1589.

Monogramme composé des lettres K K, accolés sur un verrou provenant du château d'Écouen.

(*Voir note n° 15.*)

K

Élisabeth d'Autriche, fille de Maximilien II, empereur d'Allemagne, et Charles IX, roi de France, mort en 1574.

Monogramme composé des lettres K K Y Y, sur la médaille commémorative de leur mariage, en 1570.

(*Voir note n° 16.*)

Charles V, roi de France, né le 21 janvier 1337, mort le 16 septembre 1380.

Lettre K sculptée sur la balustrade, au-dessus du portail de l'église de Longpont (Oise).

K

 CHARLES VIII, roi de France, né le 20 juin 1470, mort le 7 avril 1498.

Lettre K sur une miniature des Épîtres d'Ovide, traduites par Octavien de Saint-Gelay.

(*Bibliothèque de l'Arsenal.*)

 CHARLES VII, roi de France, né le 22 février 1402, mort à Paris, le 23 juillet 1461.

Lettre K couronnée, sur la médaille d'argent relative à l'expulsion des Anglais, vers 1450.

(*Collection de M. A. Gentil, de Lille.*)

L

Marie-Thérèse d'Autriche, fille de Philippe IV, roi d'Espagne, femme de Louis XIV, morte en 1683.

Monogramme composé des lettres L L M T, sculpté sur des boiseries, au palais de Fontainebleau.

Michel l'Archer, marquis d'Olisy, sénéchal du Vermandois, de 1664 à 1671.

Monogramme composé des lettres L L M, au bas de son portrait gravé.

L

Louis-Charles-Philippe-Raphael d'Orléans, duc de Nemours, né en 1814, fils du roi Louis-Philippe.

Monogramme composé des lettres L L O, sur le cachet de ce prince.

Louis-Charles-Philippe-Raphael d'Orléans, duc de Nemours, fils du roi Louis-Philippe.

Monogramme composé des lettres L L O, sur son cachet.

L

Ancien ordre royal et militaire de SAINT-LAZARE DE JERUSALEM et hospitalier de NOTRE-DAME-DU-MONT-CARMEL, en France.

Monogramme composé des lettres LS, au milieu de la croix de l'ordre.

LOUISE DE SAVOIE, duchesse d'Angoulême, mère de François Ier, régente en 1515, morte en 1531.

Lettre L au milieu de deux ailes éployées sur un jeton de cuivre.

(*Collection de M. le baron J. Pichon.*)

L

Louis XIII, roi de France, né le 27 septembre 1601, mort en 1643.

Lettre L sur un vitrail représentant le roi Louis XIII, et donné par lui à l'Arquebuse de Troyes.

(*Musée de Troyes.*)

Louis XIII, roi de France, en 1610, mort le 14 mai 1643.

Chiffre composé des lettres L L, sur la façade du Louvre appelée Colonnade.

L

Louis XIII, roi de France, né le 27 septembre 1601, mort en 1643.

Lettre L, en semis, sur le plat d'un volume de sa bibliothèque.

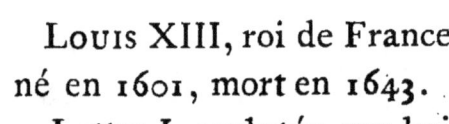

Louis XIII, roi de France, né en 1601, mort en 1643.

Lettre L sculptée sur bois dans la décoration de l'autel, chapelle de la Trinité, palais de Fontainebleau.

L

Louis-Philippe Ier, roi des Français, né en 1773, mort à Londres en 1853.
Monogramme composé des lettres L P, peint sur un plat en porcelaine.

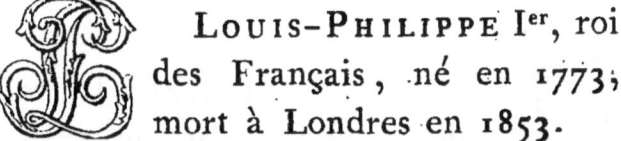

Louis-Philippe Ier, roi des Français, né en 1773, mort à Londres en 1853.
Monogramme composé des lettres L P, sur les plats des volumes de sa bibliothèque.

L

𝕷𝖕 Louis-Philippe Ier, roi des Français, né en 1773, mort à Londres en 1853.
Chiffre composé des lettres L P, sur le cachet du cabinet du roi.

 Louis-Philippe Ier, roi des Français, né en 1773, mort à Londres en 1853.
Monogramme composé des lettres L L O P P, sur une bouteille en verre.

L

Louis-Philippe Ier, roi des Français, né en 1773, duc d'Orléans en 1793, roi des Français, de 1830 à 1848.

Marie-Thérèse-Louise de Savoie-Carignan, princesse de Lamballe, surintendante de la maison de la reine, morte en 1792, femme de Louis-Alexandre-Joseph-Stanislas de Bourbon-Penthièvre, prince de Lamballe.

Monogramme composé des lettres L M T, sur une serrure faite pour elle. (Exposition universelle, *Histoire du Travail*, n° 4995 du catalogue.)

(*Collection de M. Fichet.*)

L

Louis XIV, roi de France, de 1643 à 1715.
Monogramme composé des lettres L L, sur les plats d'un livre de la bibliothèque de Versailles.

Marie-Louise, archiduchesse d'Autriche, impératrice des Français, femme de Napoléon Ier, en 1810.
Monogramme composé des lettres L M, sur les pièces de monnaie d'argent de cette princesse, comme duchesse de Parme, en 1814.

L

Louis XII, roi de France, né à Blois le 27 juin 1462, mort le 1ᵉʳ janvier 1515.

Lettre L qui se trouve en regard de l'A d'Anne de Bretagne sur le premier feuillet de son livre d'Heures conservé au musée des Souverains.

Comtesse Lionel de Boneval.

Monogramme composé des lettres L L, au bas de son portrait. (*Voir note n° 17.*)

L

Ancienne communauté de SAINT-LAZARE.
Monogramme composé des lettres L S, entre les nerfs des volumes de la bibliothèque de la communauté. (*Bibliothèque de l'Arsenal.*)

(*Note n° 18.*)

 CONNÉTABLIE ET MARÉCHAUSSÉE DE FRANCE sous Louis XV.
Monogramme composé des lettres L L, sur un jeton.

L

Louis XV, roi de France, de 1715 à 1774. Lettres L L entrelacées sur un jeton.

M

 Charles de la Porte, duc de la Meilleraye, pair et maréchal de France, et Marie de Cossé, sa femme.

Monogramme composé des lettres MM et d'un croissant d'hermine, peint dans la décoration de la chambre dite de Sully; à la bibliothèque de l'Arsenal. XVIIe siècle.

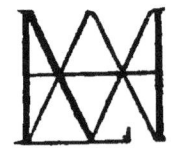 Henri-Louis Habert de Montmor, conseiller d'État et doyen des maîtres des requêtes, mort en 1679.

Monogramme composé des lettres HLMM sur le plat des livres de sa bibliothèque.

M

Olivier de Clisson, connétable de France, mort en 1407.

Lettre M sculptée dans le tympan d'une des lucarnes de son hôtel, à Paris, rue du Chaume.

Olivier de Clisson, connétable de France, mort en 1407.

Lettre M sur des carreaux émaillés qui décoraient autrefois les salles de son hôtel, rue du Chaume, à Paris.

M

MARGUERITE, duchesse de Parme, fille naturelle de l'empereur Charles-Quint, gouvernante des Pays-Bas sous Philippe II.

Lettre M accompagnée d'une marguerite sur un jeton de 1561.

Mère FOLLE ou SOTTE (de Dijon).

Monogramme composé des lettres M S sur un pot servant dans les banquets de réception des chevaliers de la Société des Fous.

(*Cabinet de M. du Filliot, auteur de l'ouvrage* la Fête des Fous, *publié en 1741.*)

M

 Pierre Séguier, président au parlement, garde des sceaux en 1633, chancelier de France en 1635.

Monogramme composé des lettres M P S, entre les nerfs des volumes de sa bibliothèque.

(*Collection de l'Auteur.*)

 Marie de Bourgogne, comtesse de Flandre, fille de Charles le Téméraire, duc de Bourgogne, mariée en 1477 à Maximilien, archiduc d'Autriche.

Monogramme composé des lettres M M, sur une médaille de 1477.

M

MAXIMILIEN DE BÉTHUNE, premier marquis de Rosny en 1601, duc de Sully en 1606, mort en 1641 maréchal de France.

Monogramme composé des lettres M S S, peint sur un panneau dans une chambre de son hôtel, rue Saint-Antoine, à Paris.

Château de MEUDON, bâti par Mansart pour René de Longueil, président au parlement de Paris.

Lettre M sur un jeton d'argent.

(*Collection de M. le baron J. Pichon.*)

M

MARIE D'AUTRICHE, fille de l'empereur Charles-Quint, mariée en 1548 à Maximilien, roi de Bohême.

Monogramme composé des lettres M M, sur leur médaille de mariage.

MAXIMILIEN, archiduc d'Autriche, roi des Romains en 1486, et sa femme, MARIE DE BOURGOGNE, comtesse de Flandres.

Monogramme composé des lettres M O S V, sur une médaille de 1487.

9.

M

Marie Mole de la Plume, épouse du baron de Treveray, maréchal des camps et armées du roi, 1654.

Monogramme composé des lettres M P P, sur sa pierre tombale, dans l'église de Verpillières (Aube).

Étienne-Hyacinthe-Antoine Foulé, marquis de Montangy, maître des Requêtes, intendant de la Généralité de Bourges, et Marie-Élisabeth Le Rebours, mariés en 1700.

Monogramme composé des lettres M M R R, sur un jeton.

N

Ancien collége de Navarre, à Paris, fondé par la reine Jeanne de Navarre, comtesse de Champagne, femme de Philippe le Bel, aujourd'hui École polytechnique.

Monogramme composé des lettres N R, sur les plats des livres de la Bibliothèque.

(*Collection de l'Auteur.*)

Ancien collége de Navarre, à Paris.

Monogramme composé des lettres N N, entre les nerfs des volumes de la bibliothèque.

(*Bibliothèque de l'Arsenal.*)

N

Adrien Maurice, duc de Noailles, fait duc et pair par Louis XV, président du conseil des Finances, maréchal de France en 1734, né en 1678, mort en 1766.

Lettre N aux angles des volumes de sa bibliothèque, XVIIIe siècle.

(*Bibliothèque de l'Arsenal.*)

P

 Philippe Ier, duc d'Orléans, frère de Louis XIV, connu sous le nom de Monsieur, mort en 1701.

Lettres P P entrelacées au centre du plat des volumes de sa bibliothèque. Ces deux P sont ordinairement surmontés de la couronne royale; entre les jambages des P, une fleur de lys.

Philippe II, duc d'Orléans en 1701, régent de France en 1715, mort en 1723.

Monogramme composé des lettres P P en semis, alterné avec des fleurs de lys; au centre, les armes de France au lambel d'argent.

(*Collection de l'Auteur.*)

P

La ville de PÉRONNE, dont les armoiries sont d'azur au P couronné d'or, accompagné de trois fleurs de lys d'or, deux en chef et une en pointe.

Ancien collége du PLESSIS-SORBONNE, à Paris. Fondé, en 1322, par Geoffroy du Plessis Balisson, rebâti par les soins du cardinal de Richelieu.

Monogramme composé des lettres P S, sur le plat des livres donnés en prix par le collége.

(*Collection de l'Auteur.*)

P

P Philippe le Bon, duc de Bourgogne, comte de Flandres, et Ysabelle de Portugal, sa troisième femme, mariés en 1430.

Monogramme composé des lettres P Y, sur son cachet.

P Pierre de Rohan, sire de Rohan, seigneur de Gié, comte de Marle, maréchal de France en 1745.

Lettre P, sur un vitrail du château de Verger, en Anjou.

Q

PHILIPPE LE BEAU, archiduc d'Autriche, duc de Bourgogne, comte de Flandres en 1497.

Chiffre composé des lettres Q V, majuscules des mots *Qui voudra*, devise de Philippe le Beau, sur un jeton.

PHILIPPE LE BEAU, archiduc d'Autriche.

Monogramme composé des lettres Q V, majuscules des mots *Qui voudra*, devise de Philippe le Beau, sur un jeton.

R

RENÉE de France, seconde fille de Louis XII et d'Anne de Bretagne, mariée très-jeune, en 1527, à Hercule d'Est, duc de Ferrare et, après son veuvage, duchesse de Chartres, comtesse de Gisors, et dame de Montargis.

Lettre R sur un jeton de 1570.

RENÉ, comte d'Anjou et de Provence, roi titulaire de Naples en 1435, duc de Lorraine du chef de sa femme Isabelle, créateur de l'ordre du Croissant, fameux par son amour des lettres et des arts, mort en 1480.

Lettre R dessinée par le roi René sur un manuscrit.

R

Louis-François-Armand de Vignerot, duc de Richelieu, maréchal de France, mort en 1788, petit-neveu du cardinal.

Lettre R entre les nerfs des volumes de sa bibliothèque.

(*Bibliothèque de l'Arsenal.*)

Princesse de Rohan.
Monogramme composé des lettres R R, sur le trumeau de la glace de la chambre à coucher de la princesse de Rohan, à l'hôtel de Soubise, aujourd'hui le dépôt des Archives.

R

R RENÉ ROUILLIE, conseiller du roi en la cour du parlement de Paris, abbé de Saint-Pierre de Lagny et chanoine de la Sainte-Chapelle.

Monogramme composé des lettres R R, sur son tombeau.

 RACHEL FÉLIX, tragédienne, sociétaire de la Comédie-Française, morte en 1858.

Lettre R au milieu d'un baudrier, avec sa devise, *Tout ou rien*, sur les plats des volumes de sa bibliothèque.

R

Trouard, intendant des bâtiments du roi et membre de son Académie d'architecture en 1769.

Monogramme composé des lettres R T, entre les nerfs des volumes de sa bibliothèque.

(*Collection de M. Baucher.*)

Robert de Lenoncourt, évêque et comte de Châlons, pair ecclésiastique de France, cardinal en 1528.

Monogramme composé des lettres R R, sur un jeton.

(*Collection A. Preux.*)

R

 Stanislas Leczinski, roi titulaire de Pologne, duc de Lorraine, de 1737 à 1766.

Monogramme composé des lettres S R, en fer repoussé par Damour, serrurier, aux grilles de la place Stanislas, à Nancy.

S

S GABRIELLE D'ESTRÉES, fille d'Antoine d'Estrées, grand-maître de l'artillerie, gouverneur de l'Ile-de-France, née en 1570, morte en 1599.

Lettre S traversée par une flèche, sur les boiseries d'un salon du palais de Fontainebleau.

Ancien prieuré de SAINTE-CROIX DE LA BRETONNERIE.

Lettre S dans une croix de Jérusalem, au milieu d'un cartouche entouré de fleurs de lys, posées deux une, sur le plat des livres de la bibliothèque.

S

Jeanne d'Albret, reine de Navarre, mère de Henri IV, née en 1528, mariée en 1548 à Antoine de Bourbon, duc de Vendôme, morte en 1572.

Monogramme composé des lettres S S, sur un jeton de 1565.

(*Collection de M. A. Preux.*)

Jeanne d'Albret, reine de Navarre, mère de Henri IV, morte en 1572.

Chiffre composé des lettres I I S, sur un jeton de 1567.

S

S JEANNE D'ALBRET, reine de Navarre, mère de Henri IV.

Lettre S sur un jeton de 1565, à la bibliothèque impériale.

SSV D'HINISDAL DE SOYECOURT.

Monogramme composé des lettres S S V.

Dans la décoration d'une chapelle des Carmes déchaussés, rue de Vaugirard, à Paris.

S

Simon Tetu, receveur du Maine sous François Ier.

Monogramme composé des lettres S T, sur une médaille.

Ancienne abbaye de **Saint-Victor**, à Paris.

Chiffre composé des lettres S V, sur les plats des volumes de la bibliothèque.

(Bibliothèque de l'Arsenal.)

V

 Nicolas de Verdun, premier président au parlement de Paris, de 1616 à 1637.

Monogramme composé des lettres V V, sculpté au fronton des fenêtres de son hôtel, aujourd'hui compris dans le Palais de justice.

 Victoria, reine d'Angleterre.

Chiffre composé des lettres V R, *Victoria Regina*.

Sur l'*ex libris* des volumes de la bibliothèque du château de Windsor.

(*Collection de l'Auteur.*)

V

 Château de Versailles, bâti par Jules Hardouin-Mansart, par les ordres de Louis XIV.

Monogramme composé des lettres VV, sur un jeton d'argent.

(*Collection de M. le baron J. Pichon.*)

Y

Louise-Marguerite de Lorraine, comtesse d'Eu, morte en 1631, seconde femme de François de Bourbon. prince de Conti.

Ces deux λ entrelacés se trouvent sur les plats des volumes de la bibliothèque de François de Bourbon. Au centre, les armes de Louis de Bourbon, prince de Conti.

NOTES.

N° 1.

Les deux I et les deux O pourraient bien être le double phi. Nous le trouvons au bas de ses armes avec cette devise : *Spes Deus*. Sa bibliothèque a passé, après sa mort, aux feuillants de Paris.

N° 2.

C'est Alexandre Petaut qui acheta les livres de la bibliothèque de Jean de Saint-André, chanoine de Notre-Dame de Paris.

N° 3.

Les livres d'Étienne de Nully, prévôt des marchands, étaient chargés d'ornements aux petits fers ; les armes de la ville de Paris étaient placées au centre, et son monogramme aux angles.

Sur les volumes de sa bibliothèque particulière, les armes de la ville de Paris étaient remplacées par les siennes, qui sont de gueule à la croix fleurdelysée.

N° 4.

Le même monogramme, sculpté à jour, se trouve sur la balustrade du château d'Anet.

N° 5.

Les livres de sa bibliothèque étaient ornés, sur l'un des plats, de ce médaillon avec son monogramme entouré de sa devise ; sur l'autre étaient ses armes dans un médaillon ; autour, en exergue :

J·Brinon·S^r·de·Villaines·conseil·du·roy·

Il possédait, à Paris, une maison englobée dans la rue du Chaume.

N° 6.

Le même monogramme se trouve déjà sur une médaille d'argent frappée lors des pourparlers du mariage de Charles le Téméraire et de Catherine de France, fille de Charles VII, fiancés en 1439.

N° 7.

Félix Vialart de Herse, quatre-vingt-huitième évêque de Châlons-sur-Marne, auteur ecclésiastique.

Il a été publié, à Cologne, en 1658, la *Vie de messire Fr. Vialart de Herse*, comte de Châlons et Nancy; en 1735, *Information des miracles de messire Fr. Vialart*. Il serait quasi mort en odeur de sainteté.

N° 8.

Les plats des volumes de la bibliothèque de Sainte-Catherine du Val-des-Écoliers sont généralement ornés de l'instrument du martyre de sainte Catherine, une roue dont le moyeu est traversé par une épée.

N° 9.

M. le baron J. Pichon possède dans sa collection une fontaine en faïence blanche de Lorraine, sur laquelle se trouvent exactement ces deux lettres. Cette fontaine vient vraisemblablement du même château.

N° 10.

Charles Joachim, neveu du grand Colbert, né en 1667, mort en 1738, fut nommé évêque de Montpellier en 1697, et fit rédiger par le P. Prouget le célèbre Catéchisme de Montpellier. Il se montra ardent janséniste. Ses écrits furent condamnés à Rome.

N° 11.

Louis de La Vergne Tressan Monteynard, évêque du Mans, était frère de François de La Vergne de Tressan. Ils étaient vingt-deux enfants du même lit, dont dix-neuf ont passé 70 ans. Louis de La Vergne Tressan, mort archevêque de Rouen en 1733 était leur neveu.

N° 12.

Claude Gouffier, marié en seconde noce avec Françoise de Brosse, en 1540, est l'auteur présumé des faïences d'Oiron, longtemps connues sous le nom de faïences de Henri II.

La construction du château d'Oiron avait été commencée par sa mère, Hélène Hangest.

N° 13.

Cette devise, que Arthur Gouffier, grand maître de France sous François Ier, et que Claude Gouffier, son fils, avait prise, est un fragment du vers 614 du IVe livre de l'*Énéide*.

N° 14.

Ce monogramme ne peut être considéré comme une marque distinctive. Beaucoup, dont la première syllabe de leur prénom commence par *phi*, l'ont prise.

Les jésuites firent mettre le double *phi* sur les volumes que Fouquet leur légua en souvenir de sa donation, quoiqu'il eût attaché à ce legs une rente de 600 francs pour l'entretien de la bibliothèque. Beaucoup de volumes de sa bibliothèque particulière portaient le double *phi* sur les plats souvent chargés d'ornements. Au milieu, il faisait souvent mettre ses armes. On le trouve aussi entre les nerfs.

Le poëte François Desportes l'avait pris aussi pour mettre sur ses volumes.

La colonne qu'on avait élevée à sa mémoire, dans l'abbaye de Bonport, avait, avec ses armes, le double *phi*.

N° 15.

Catherine de Médicis n'adopta ce double K qu'à partir du règne de Charles IX, pour lequel il avait été fait, puisque, outre l'initiale de Karolus, en le décomposant, on y trouve un I et un X formant le nombre romain *nonus*.

N° 16.

Élisabeth était le nom primitif dont Isabelle, Élisa, Lise font autant de formes françaises primitives plus ou moins modifiées. C'est ce qui explique souvent l'*y* dans les monogrammes pour les noms d'Élisabeth.

N° 17.

Le même monogramme se trouve sur des assiettes en porcelaine de Chantilly, marqué du Cor en bleu et la lettre A au-dessous; Villers-Cotterets écrit aussi en bleu sous la couverte.

N° 18.

Le même monogramme se trouve sur la décoration de l'ordre militaire de Saint-Lazare de Jérusalem et hospitalier de Notre-Dame du Mont-Carmel. On fixe l'institution de l'ordre avant 1060, temps des premières croisades.

TABLE.

	Pages.
ADELAIDE D'ORLÉANS (Marie-Louise-Eugénie).	20
AMARANTHE (Ordre de l').	26
ANGLURE DE BOURLEMONT (Charles-François d').	44
ANNE D'AUTRICHE.	13, 14, 15, 16
ANNE BOLEYN.	23
ANNE DE BOURGOGNE.	11
ANNE DE BRETAGNE.	17, 18
ANNE DE FRANCE.	5, 6
ANNE DE LORRAINE.	3
ANNE DE MONTAFIÉ.	9
ANTOINE, duc de Lorraine.	4
ANTOINETTE DE BOURBON.	1
ANTOINETTE DE BOURBON-VENDOME.	12
ARGENSON (Antoine-René de Voyer d').	32
ARNAUD, marquis de Pompone (Simon).	30
ARNOULD (Sophie).	2
AUBERVILLE (Jean d').	86
AUMALE (Henri-Eugène-Philippe-Louis, duc d').	86, 115, 116, 117
AUMALE (Marie-Caroline-Auguste de Bourbon, duchesse d').	31
BARBANÇON-CANY (Marie de).	16
BARILLON DE MORANGIS (Antoine).	3

	Pages.
BEAUCHAMPS (Marguerite de)	30
BEAUVAIS (Catherine-Henriette Bellier de)	33
BEAUVILLIERS (Paul-Hippolyte de)	21
BERNARD DE NASSAU	38
BIGNON (Jean-Paul)	34
BIGNON (Jérôme-Frédéric)	35
BIZEAU	36
BONAPARTE (Jérôme)	113
BONAPARTE, roi de Hollande (Louis-Napoléon)	132
BONNIER DE LA MOSSON (Joseph)	37
BOUHIER (Étienne)	34
BOUHIER (Jean)	33
BOULANC (Marie)	42
BOUTEILLIER (Jean le)	46
BRÉZÉ (Louis de)	40
BRIOT (Nicolas)	41
BRUGIÈRES (François de)	43
BRULART (François)	40
CAMBOUT, marquis de Coislin (Pierre-Adolphe)	31
CATHERINE (communauté de Sainte-)	70
CATHERINE DE MÉDICIS	48, 49, 50, 71, 133
CATHERINE DU VAL DES ÉCOLIERS (prieuré de Sainte-)	59
CAUMONT (Jacques-Nompar de)	58
CHAMILLART (Michel)	70
CHARLES D'AMOISE	73
CHARLES DE BOURBON	9
CHARLES HENRI, comte de Clermont et de Tonnerre	62
CHARLES LE TÉMÉRAIRE	47, 48
CHARLES, premier duc de CROY-RENTY	61
CHARLES Ier DE GONZAGUES	69

	Pages.
Charles II, dit *le Grand*	51, 52
Charles III, duc de Lorraine	53
Charles IV, duc de Lorraine	53, 72
Charles V	134
Charles VII	135
Charles VIII	135
Charles IX	54, 90, 133
Charles, roi d'Espagne	75
Charlotte de Savoie	62
Chastre (Gasparde de la)	17
Chevalier (Étienne)	89
Christian VII	56
Claude de Lorraine	1
Clermont-Tonnerre (Antoine de)	19
Clisson (Olivier de)	149
Colbert (Jean-Baptiste)	67
Colbert (Charles-Joachim)	68
Colbert (Jean-Baptiste), marquis de Croissy et de Torcy	68
Cominges-Guitaud (Gaston-Jean-Baptiste)	35
Conrard (Valentin)	66
Cossé (Charles de)	57
Cotin (l'abbé Charles)	54
Croy (Philippe de)	57
Croix de la Bretonnerie (ancien prieuré de Sainte-)	166
Damas (Jean de)	71
Dauvet (Anne)	46
Denis (ancienne abbaye de Saint-)	79
Descartes (Joachim)	80
Desportes (Philippe)	128
Diane de Poitiers	77, 78, 84

	Pages.
Du Barry (Jeanne-Vaubernier, comtesse)	46
Du Blé, marquis d'Uxelles (Nicolas-Chalons)	36
Du Butay	37
Ducrest de Villeneuve	83
Du Fresnoy (Petit)	92
Dumesnil (Edme)	82
Du Plessis Gautier Dinteville (Anna)	29
Du Plessis-Sorbonne (ancien collége)	158
Dussommerard (Alexandre)	25
Élisabeth d'Autriche	90, 134
Emmanuel (Philippe-Alexandre)	9
Escoubleau de Sourdis (Henri d')	83
Estrées (Gabrielle d')	108, 166
Estrées (Victor-Marie, duc d')	85
Étienne du Mont (église Saint-)	92
Fauquerolle (Anne de)	24
Ferrey (J.)	79
Floreins (Jean)	103
Foix (Christophe de)	94
Foulé (Étienne-Hyacinthe-Antoine)	154
François Ier	95, 96, 97
François II	97, 98
François de Bourbon, comte de Vendôme et de Saint-Paul	103
François de Bourbon, prince de Conti	61
François de Lorraine	72
Françoise de Bourbon (Louise)	43
Françoise d'Orléans	124
Frédéric Ier	102
Gaston, duc d'Orléans	109

Pages.
Geneviève (ancienne abbaye de Sainte-). . . 125
Geneviève (ancienne bibliothèque de Sainte-). 108
Germain l'Auxerrois (chapitre de Saint-). . 105
Gonzague (Marie-Louise de). 81
Gouffier (Arthur). 127
Gouffier (Claude). 75
Gouffier (Louis de). 106
Gruym (Charles). 110
Guille Bellier. 42
Gusman le Bon (Alphonse). 28
Guyon de Sardières (Jean-Baptiste). . . . 106

Halleiwin (Françoise). 105
Hangest (Hélène de). 89
Harlay (Achille de). 26
Henri Ier de Bourbon. 11, 118,
Henri de Bourbon, roi de Navarre. 122
Henri II. 48, 49, 50, 74, 77, 78, 114, 115
Henri III. 2, 80, 112
Henri IV. 12, 85, 108, 120, 121, 122
Henri VIII. 23
Henri de Lorraine. 118
Hesselin (Louis). 93
Hinisdal de Soyecourt (l'). 41, 168
Hoym (le comte d'). 117

Isabelle de Castille. 23, 127

Jean, duc de Bedford. 11
Jean Frédéric. 101
Jean Georges. 107
Jeanne la Folle. 125
Jésus-Christ. 119, 120
Jot (de). 63

	Pages.
JOUBERT D'ORLÉANS.	84
JUBERT D'ARCQUENEVCY (Alphonse).	28
JUBERT (Jacques).	45
LA MARCK (Charlotte de).	81
LAMBALLE (Marie-Thérèse-Louise de Savoie-Carignan, princesse de).	143
LAMBERT DE THORIGNY (Nicolas).	91
L'ARCHER (Michel).	136
LA VERGNE MONTEYNARD (Louis de).	73
LAZARE DE JÉRUSALEM (ancien Ordre royal et militaire de Saint-).	138
LAZARE (communauté de Saint-).	146
LE BEAU (Madeleine).	39
LE CAMUS.	7
LE CLERC DU TREMBLAY.	130, 131
LEFEBVRE (Louis-Urbain).	64
LE JARS DE GOURNAY (Marie).	20
LEMOINE.	60
LENONCOURT (Robert de).	164
LE TELLIER (Charles-Maurice).	55
LIONEL DE BONNEVAL (comtesse).	145
LOMENIE DE BRIENNE (Charles-Étienne).	39
LONGUEIL (René de).	42
LOUIS XI.	62
LOUIS XII.	145
LOUIS XIII.	13, 14, 15, 16, 139, 140
LOUIS XIV.	144
LOUIS XV.	147
LOUISE-MARGUERITE DE LORRAINE.	172
LOUIS-PHILIPPE Ier.	141, 142, 143
MACLOU (Saint).	27

	Pages.
MAIGNARD (Marie)	28
MARCHAUMONT (François-Clausse de)	21
MARIE-AMÉLIE DE BOURBON-NAPLES	32
MARIE-ANTOINETTE (bibliothèque de la reine)	64
MARIE-ANTOINETTE DE LORRAINE	10
MARIE D'AUTRICHE	22, 102, 153
MARIE DE BOURBON, duchesse de Montpensier	110
MARIE DE BOURBON (Françoise), mademoiselle de Blois	98
MARIE DE BOURGOGNE	151
MARIE DE CLÈVES	11
MARIE JOSÈPHE DE SAXE	132
MARIE DE LORRAINE (Catherine)	69
MARIE-LOUISE, impératrice des Français	144
MARIE DE MÉDICIS	12
MARIE STUART	97, 98, 128, 129
MARIE-THÉRÈSE D'AUTRICHE	5, 136
MARGUERITE DE LORRAINE	61
MARGUERITE, duchesse de Parme	150
MAXIMILIEN, archiduc d'Autriche	125, 153
MAZARIN (cardinal Jules)	65, 124
MAZARIN (cardinal Michel)	45
MEILLERAYE (Charles de la Porte, duc de)	148
MENARS (Jean-Jacques, Charon de)	76
MÈRE FOLLE ou SOTTE	150
MEUDON (château de)	152
MISSIONS ÉTRANGÈRES (séminaires des)	91
MOLE DE LA PLUME (Marie)	154
MOLÉ (Mathieu)	90
MONTAIGNE (Michel de)	58
MONTESCOT (Jehan de)	87
MONTFORT (Guillaume de)	24
MONTMORT (Henri-Louis-Habert de)	148

	Pages.
Montmorency (Anne de)	8
Montpensier (Anne-Marie-Louise, duchesse de)	19
Mouy (Geneviève de)	110
Navarre (ancien collége de)	155
Nemours (Louis-Charles-Philippe-Raphaël d'Orléans, duc de)	137
Noailles (Adrien-Maurice, duc de)	156
Nully (Etienne de)	29
Orléans (Ferdinand, duc d')	100
Particelli (Michel)	78
Penhoert (Françoise de)	104
Peronne (la ville de)	158
Petau (Alexandre)	25
Philippe Ier, duc d'Orléans	157
Philippe II, duc d'Orléans	157
Philippe le Beau, archiduc d'Autriche	160
Philippe le Beau, roi de Castelle	119
Philippe le Bon	113, 159
Pierre II de Beaujeu	5, 6
Putier (Madeleine)	38
Pourtalès Georgies (James-Alexandre, comte de)	111
Poerier (D. Jacob)	111
Rachel Félix	163
Raisse (François de)	24
René, comte d'Anjou	88, 129, 161
Renée de Bourbon Montpensier	4
Renée de France	161

République française.	99
Richelieu (Armand-Jean du Plessis, cardinal de).	1
Richelieu (Louis-François-Armand de Vignerot, duc de).	162
Rochechouart (Françoise-Athénaïs de). . . .	22
Rochechouart (Gabriel de).	27
Rohan (Hercule de).	63
Rohan (Jean, vicomte de).	126
Rohan (Pierre de).	159
Rohan (la princesse de).	162
Roucherolles (Louis de).	105
Rouillard (Jeanne de).	130
Rouillie (René).	163
Rouquet (Elisabeth).	93
Saint-Albin (Charles de).	59
Sainte-Maure (Charles de).	55
Salm (Christine de).	72
Sarcus (François de).	99
Savoie (Louise de).	138
Séguier (Dominique).	82
Séguier (Pierre).	151
Sforza (Ludovic).	100
Stanislas Leczinski.	165
Sully (Maximilien de Béthune, duc de). . .	152
Talbot (Jean).	30
Testu (Jean).	123
Tetu (Simon).	169
Thou (Jacques-Auguste de).	16, 17
Tralage (Jean-Nicolas de).	87
Tremouille (Louis de la).	107
Trouard (intendant des bâtiments du roi). .	164

	Pages.
Vallerand des Hingettes.	8
Verdun (Nicolas de).	170
Versailles (château de).	171
Vialart de Herse (Félix).	56
Victor (ancienne abbaye de Saint-).	169
Victoire de Bavière (Marie-Anne-Christine).	18
Victoria, reine d'Angleterre.	170
Villacerf.	74
Zamet (Jean)	130
Zamet (Sébastien).	130, 131

ACADÉMIE DES BIBLIOPHILES

SOCIÉTÉ LIBRE POUR LA PUBLICATION A PETIT NOMBRE DE LIVRES RARES ET CURIEUX.

Membres du Conseil pendant l'année 1869-1870

MM. Paul CHÉRON. — H. COCHERIS. — Jules COUSIN. — E. F. DELORE. — Émile GALICHON. — Jules GUIFFREY. — Pierre JANNET. — Louis LACOUR. — Anatole de MONTAIGLON. — Oscar de WATTEVILLE.

Agent de la Compagnie : E. BLANCHARD.

A la Librairie des Bibliophiles, rue Saint-Honoré, 338.

COLLECTION DE LA COMPAGNIE.

1866

1. DE LA BIBLIOMANIE, par Bollioud-Mermet, de l'Académie de Lyon. In-16 double pot de 84 pages. 160 exempl. 2ᵉ édition de la réimpression. 5 »
2. LETTRES A CÉSAR, par Salluste, traduction nouvelle par Victor Develay. In-32 carré, 68 p. 300 ex. . . . . . . 2 »
3. LA SEIZIESME JOYE DE MARIAGE, publiée pour la première fois. In-16 pot double, 32 p. 500 ex. . . . . . . 2 »
4. LE TESTAMENT POLITIQUE DU DUC CHARLES DE LORRAINE, publ. par Anat. de Montaiglon. In-18 jésus, 78 p. 210 ex. . 3 50
5. BAISERS DE JEAN SECOND, trad. nouvelle, par V. Develay. In-32 carré, 64 p. 500 ex. . . 2 »
6. LA SEMONCE DES COQUUS DE PARIS EN MAY 1535, publ. d'après un man. de la Bibl. de Soissons, par A. de Montaiglon. In-18 jésus, 20 p. 210 ex. . . . . 2 »

1867

7. LES NOMS DES CURIEUX DE PARIS, avec leur adresse et la qualité de leur curiosité. 1673. Pub. par Louis Lacour. In-18 raisin, 12 p. 140 ex. 1 50
8. LES DEUX TESTAMENTS DE VILLON, suivis du BANCQUET DU BOYS, publ. par Paul Lacroix. In-8 tellière, 120 p. 220 ex. . . . . 7 »
9. LES CHAPEAUX DE CASTOR, un paragraphe de leur histoire. 1634. Pub. par L. Lacour. In-18 raisin, 8 p. 200 ex. . . 1 »
10. LE CONGRÈS DES FEMMES, par Érasme, trad. nouv. par V. Develay. In-32 carré, 32 p. 312 ex. . . . . 1 »

11. LA FILLE ENNEMIE DU MARIAGE ET REPENTANTE, par Érasme, trad. nouv. par V. Develay. In-32 carré, 64 p. 321 ex. 2 »

12. SAINT BERNARD. Traité de l'amour de Dieu, pub. par P. Jannet. In-8 tellière, 140 p. 313 ex. 5 »

13. ŒUVRES DE RÉGNIER, d'après les premières éditions. Préface et notes par L. Lacour. In-8 carré, 355 p. 525 ex. 20 »
(Collection des CLASSIQUES FRANÇAIS.)

14. LE MARIAGE, par Érasme, trad. nouv. par V. Develay. In-32 carré, 64 p. 312 ex. 2 »

15. LE COMTE DE CLERMONT, sa cour et ses maîtresses, par J. Cousin. In-18 jésus, 2 vol., 432 p. 412 ex. 10 »

16. LA SORBONNE ET LES GAZETIERS, par Jules Janin. In-32 carré. 64 p. 312 ex. 2 »

17. L'EMPIRIQUE, pamphlet historique, 1624, réédité par L. Lacour. In-18 jésus, 20 p. 200 ex. 2 »

18. LA PRINCESSE DE GUÉMÉNÉE DANS LE BAIN ET LE DUC DE CHOISEUL, conversation rééditée par L. Lacour. In-18 jésus, 16 p. 200 ex. 2 »

19. LES PRÉCIEUSES RIDICULES, comédie de J. B. P. Molière. Reproduction textuelle de la 1re édition. Notes par L. Lacour. In-18 raisin, 108 p. 422 ex. 5 »

20. LES RABELAIS DE HUET. In-16 double pot, 68 p. 260 ex. 3 »

21. DESCRIPTION NAÏVE ET SENSIBLE DE SAINTE-CÉCILE D'ALBY. Nouv. édition, publ. par E. d'Auriac. In-16, 64 p. 260 ex. 5 »

22. APOCOLOQUINTOSE, de Sénèque, trad. nouv. par V. Develay. In-32 carré, 64 p. 512 ex. 2 »

1868

23. ALINE, reine de Golconde, par Boufflers. Nouv. édition, publ. par V. Develay. In-32 carré, 64 p. 215 ex. 2 »

24. PROJET POUR MULTIPLIER LES COLLÉGES DES FILLES, par l'abbé de Saint-Pierre. Nouv. édition, publ. par V. Develay. In-32 carré, 40 p. 312 ex. 1 »

25. LE JEUNE HOMME ET LA FILLE DE JOIE, par Érasme, trad. nouv. par V. Develay. In-32 carré, 32 p. 312 ex. 1 »

26. LE COMTE DE CLERMONT ET SA COUR, par Sainte-Beuve, de l'Académie française. In-18 jésus, 88 p. 412 ex. 3 »

27. LE GRAND ÉCUYER ET LA GRANDE ÉCURIE, par Ed. de Barthélemy In-18. 6 »

28. LES BAINS DE BADE AU XVe SIÈCLE, par Ant. Méray. In-16, 84 p. 420 ex. 3 »

29. ÉLOGE DE GRESSET, par Robespierre, pub. par D. Jouaust. In-8, 64 p. 100 ex. 5 »

30. AMADIS DE GAULE (La Bibliothèque de don Quichotte), par Alph. Pagès. In-18 raisin, 174 p. 412 ex. 5 »

31. RÉFLEXIONS OU SENTENCES ET MAXIMES MORALES DE LA ROCHEFOUCAULD. Reproduction textuelle de l'éd. originale de 1678. Préface par L. Lacour. In-8 carré, 262 p. 525 ex. 20 »
(Collection des CLASSIQUES français.)

32. ESSAI SUR L'HISTOIRE DE LA RÉUNION DU DAUPHINÉ A LA FRANCE, par J. J. Guiffrey. In-8 carré, 396 p. 525 ex. 15 »

33. DISTIQUES MORAUX DE CATON. Trad. nouv. par V. Develay. In-32 carré, 80 p., 1 grav. 512 ex. 2 »

34. UNE PRÉFACE AUX ANNALES

DE TACITE, par Senac de Meilhan, publ. par Sainte-Beuve. In-16, 60 p. 420 ex. . . . 3 50

35. LA LOUANGE DES VIEUX SOUDARDS, pub. par L. Lacour. In-32 carré, 64 p. 300 ex. 2 »

36. ACADÉMIE DES BIBLIOPHILES. Livret annuel. Première année, 1866-1867. In-8 carré, 16 p. 150 ex. . . . . . . 5 »

37. LE BRÉVIAIRE DU ROI DE PRUSSE, par J. Janin. In-32 carré. 72 p. 300 ex. . . . . . . 2 »

38. L'OUBLIEUX, comédie en 3 actes, de Charles Perrault, pub. pour la première fois par Hippolyte Lucas. In-18 raisin, 132 p., 1 grav. 350 ex. 5 »

39. SECRETS MAGIQUES POUR L'AMOUR, au nombre de octante et trois, publ. d'après un manuscrit de la bibliothèque de Paulmy, par B. J., bibliomane. In-18 raisin, 128 p. 410 ex. . 5 »

40. LE TALMUD, étude par M. Deutsch, trad. de l'anglais sous les yeux de l'auteur. Petit in-4 carré, fabriqué à Londres, 116 p. 200 ex. . . . . . . 5 »

41. LIGIER RICHIER, par Auguste Lepage. In-18 raisin, 36 p. 260 ex. . . . . . . 2 »

42. CATALOGUE D'UN LIBRAIRE DU XVe SIÈCLE TENANT BOUTIQUE A TOURS, publié par le Dr A. Chereau. In-16, 36 p. 300 ex. 3 »

43. RABELAIS, publié par A. de Montaiglon et L. Lacour. 3 vol. in-8. . . . . . 60 »
(Collection des CLASSIQUES FRANÇAIS.)

44. LES ANTIQUITEZ DE CASTRES, de Pierre Borel, publ. par Ch. Pradel. In-18 jésus, 288 p. . . . . . 10 »

45. LES SATIRES DU SIEUR N. BOILEAU DESPRÉAUX, publ. par F. de Marescot. In-8, 204 p. 300 ex . . . . . 10 »

1869

46. MÉMOIRES D'AUDIGER, LIMONADIER A PARIS, XVIIe siècle; recueillis par L. Lacour. In-16, 48 p. 420 ex. . . . . 3 »

47. LE DUC D'ANTIN ET LOUIS XIV, rapports sur l'administration des bâtiments, annotés par le Roi. Publ. par J. J. Guiffrey. In-12, 32 p. 230 ex. . 3 »

48. LA VACHE A COLAS, de Sedege, publ. par Vasse. In-8 tellière, 114 p. 520 ex. . . . 5 »

49. LETTRES INÉDITES DE L.-P. D'HOZIER ET DE J. DU CASTRE D'AUVIGNY, sur l'Armorial et l'Hôtel Royal du Dépost de la Noblesse, publ. par J. Silhol. In-8 tellière, 144 p. 502 ex. . . . . . 6 »

50. LE CHEVALIER DE SAPINAUD ET LES CHEFS VENDÉENS DU CENTRE, par le comte de la Boutetière. In-8 raisin, 144 p. 300 ex. 5 »

51. LES LUTHIERS ITALIENS AUX XVIIe ET XVIIIe SIÈCLES, par J. Gallay. In-18 jésus, 260 p. 500 ex. . . . . . 8 »

52. MÉMOIRES ET LETTRES DE LA MARQUISE DE COURCELLES, publ. par C. H. de S. D In-8 de 368 p. 432 ex . . . . 12 »

53. LETTRES PERSANES DE MONTESQUIEU, publ. par L. Lacour et D. Jouaust. In-8 carré de 356 p. 525 ex. . . . 20 »
(Collection des CLASSIQUES FRANÇAIS.)

54. LA PROPHÉTIE DU ROY CHARLES VIII, par Maître Guilloche, publ. par le Marquis de La Grange. In-8 tellière, 148 p. 250 ex. 7 50

55. THÉATRE COMPLET DE BEAUMARCHAIS, publ. avec les variantes, par G. d'Heilly et F. de Marescot. Portrait à l'eau-forte. 4 vol. in-8, 525 ex., à 12 fr. 50. (Les tomes I et II en vente). 50 »

56. SATIRES DE PERSE, avec les prolégomènes de Casaubon. Trad. nouvelle par V. Develay. In-32 carré, 144 p., 1 grav. 525 ex. . . . . . . 3 »

57. JULIE, poëme de Jean Second. Trad. nouvelle par V. Develay. In-32 carré, 144 p., 1 grav. 525 ex. . . . . . . 3 »

58. CANDIDE, de Voltaire. Édit. originale avec notes et variantes. In-8 raisin de 232 p. 342 ex. . . . . . 15 »
(Fait suite aux ROMANS CLASSIQUES du XVIIIe siècle.)

1870

59. LES CARACTÈRES DE LA TRAGÉDIE, manuscrit inédit attribué à Labruyère. In-12 couronne de 272 p. 35 ex. . . . 7 50

60. MÉMOIRE DE L'ÉLECTION DE CHARLES VII, électeur de Bavière, en 1741, pub. par A. Lepage. In-12 écu, 276 p. 300 ex. 7 50

61. PIÈCES INÉDITES OU CURIEUSES, concernant les Poitevins, publ. par M. Bauchet-Filleau. In-8 carré, 100 ex. . . . . 5 »

62. LES AMOURS DE JEAN SECOND, trad. par V. Develay. In-32 carré, 88 pag. . . . . . . 2 »

64. LES MONOGRAMMES HISTORIQUES, d'après les monuments originaux, par Aglaüs Bouvenne. In-18 de 226 pag. 500 ex. 6 »

NOTA. — *Pour l'envoi du Catalogue, et pour tous les renseignements relatifs à l'impression des volumes et aux conditions de la publication et de la vente, s'adresser à* M. BLANCHARD, *gérant de la Librairie des Bibliophiles, rue Saint-Honoré, 338, à Paris.*

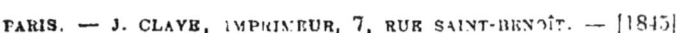

PARIS. — J. CLAYE, IMPRIMEUR, 7, RUE SAINT-BENOÎT. — [1845]

www.ingramcontent.com/pod-product-compliance
Lightning Source LLC
Chambersburg PA
CBHW071946160426
43198CB00011B/1567